DIE

GRUNDSTÜCKSGESAMTHYPOTHEK

IN DER

ZWANGSVERSTEIGERUNG

VON

DR. JUR. KURT HARTMANN

LEIPZIG
VERLAG VON VEIT & COMP.
1903

Druck von Metzger & Wittig in Leipzig.

MEINEN GELIEBTEN ELTERN

ZUGEEIGNET

Vorwort.

In nur wenigen Paragraphen behandelt das Deutsche Bürgerliche Gesetzbuch die Gesamthypothek, und nur wenige Paragraphen regeln die Behandlung der Gesamthypothek in der Zwangsversteigerung.

Und doch ergibt sich eine ganze Fülle von Komplikationen und Streitfällen, die ihren Grund besonders darin finden, daß das Zwangsversteigerungsgesetz — abgesehen von seinem § 64 — eine Durchbrechung des Deckungsprinzips, wie das z. B. das Bayerische Zwangsvollstreckungsgesetz von 1886 tat,[1] und eine Beschränkung des sogenannten Wahlrechts des Gesamthypothekengläubigers zu Gunsten einer Vereinfachung des Verfahrens ablehnt.

Eine zusammenhängende Darstellung der Behandlung der Gesamthypothek in der Zwangsversteigerung scheint daher wohl am Platze. Eine solche Darstellung will der folgende Versuch geben.

Außerhalb des Kreises der Betrachtung werden die Gesamthypothek an den sogenannten grundstücksgleichen Rechten, an Bruchteilen von Grundstücken und an Miteigentumsanteilen sowie die Hypothek bei der Versteigerung nur eines Grundstücksteils bleiben. Einer Betrachtung wird nur das Schicksal der Gesamthypothek an Grundstücken unterzogen werden, weil die Behandlung jener Rechte im wesentlichen die analoge ist und darum ihre Einbeziehung in die Darstellung fast nur Wiederholungen nötig machen würde.

[1] Motive zum Entwurfe eines Gesetzes, betr. die Zwangsversteigerung in das unbewegliche Vermögen. Berlin 1889. S. 115.

Die Einteilung des Stoffs wurde, wie sich von selbst ergibt, von den Gesichtspunkten aus vorgenommen, daß die Gesamthypothek, wie jedes andere dingliche Recht, eine wesentlich andere Behandlung erfährt, wenn sie ins geringste Gebot aufgenommen wird oder sonst nach den Versteigerungsbedingungen bestehen bleibt, als im entgegengesetzten Falle, und daß sich ferner diese Behandlung anders gestaltet, wenn nur ein mit der Gesamthypothek belastetes Grundstück versteigert wird und wenn mehrere solche Grundstücke im selben Verfahren versteigert werden.

Der Verfasser.

Inhalt.

Erster Teil.

Seite

Eines der mehreren mit einer Gesamthypothek belasteten Grundstücke wird versteigert; die Gesamthypothek ist als fortbestehend ins geringste Gebot aufzunehmen.

§ 1. Das Versteigerungsgeschäft 1

Das Verteilungsgeschäft.

§ 2. a) Grund und Natur der Zuzahlungspflicht des Erstehers . . . 2

§ 3. b) Die Tatbestände, welche die Zuzahlungspflicht erzeugen . . 4

§ 4. c) Die Behandlung der Forderung auf Zuzahlung im Verteilungsverfahren 9

Zweiter Teil.

Mehrere mit einer Gesamthypothek belastete Grundstücke werden in einem Verfahren versteigert; die Gesamthypothek bleibt bei jedem einzelnen der Grundstücke nach den Versteigerungsbedingungen bestehen.

§ 5. Vorbemerkung 13

§ 6. I. a) Es findet nur Einzelausbietung der mehreren in einem Verfahren zu versteigernden Grundstücke statt und zwar wird von der Befugnis des § 64 Abs. 1 kein Gebrauch gemacht 14

§ 7. b) Es findet Einzelausbietung der mehreren in einem Verfahren zu versteigernden Grundstücke statt; es wird von der Antragsbefugnis des § 64 Abs. 1 seitens eines Antragsberechtigten Gebrauch gemacht, nicht aber von der Antragsbefugnis des § 64 Abs. 2 seitens des Gesamthypothekengläubigers 14

§ 8. c) Es findet Einzelausbietung der mehreren in einem Verfahren zu versteigernden Grundstücke statt; es wird seitens des Gesamthypothekengläubigers von der Befugnis des § 64 Abs. 2 Gebrauch gemacht 19

§ 9. II. Es werden die mehreren mit der Gesamthypothek belasteten Grundstücke im Gesamtausgebote ausgeboten und zugeschlagen 26

§ 10. III. Von den mehreren von demselben Versteigerungsverfahren ergriffenen Grundstücken wird ein Teil im Einzelausgebot, ein Teil im Gruppenausgebot, oder es werden alle diese Grundstücke in Gruppenausgeboten ausgeboten und zugeschlagen 28

Dritter Teil.

Die Gesamthypothek bleibt nach den Versteigerungsbedingungen nicht bestehen; Versteigerung eines einzelnen der mit ihr belasteten Grundstücke.

Seite

§ 11. Vorbemerkung 29
§ 12. Das Verteilungsgeschäft in diesem Falle 30
§ 13. Die Grundbuchsberichtigung und die Behandlung des Hypothekenbriefs 35
1. Das Ersuchen ans Grundbuchamt 35
2. Die Behandlung des Hypothekenbriefs 37

Vierter Teil.

Es werden mehrere der mit der Gesamthypothek belasteten Grundstücke oder diese sämtlichen Grundstücke in einem Verfahren (§ 18) versteigert; die Gesamthypothek bleibt nach den Versteigerungsbedingungen nicht bestehen.

§ 14. Vorbemerkung 40
§ 15. a) Die Bargebote werden im Verteilungstermine berichtigt . . 41
§ 16. b) Die Bargebote werden im Verteilungstermin nicht berichtigt 43
§ 17. c) Die Bargebote werden nur teilweise berichtigt 47
§ 18. Eventualverteilung und Grundbuchsberichtigung 50

Fünfter Teil.

Es werden mehrere mit einer Gesamthypothek belastete Grundstücke in einem Verfahren versteigert; die Gesamthypothek bleibt bei einem Teile der Grundstücke nach den Versteigerungsbedingungen bestehen, bei einem andern nicht.

§ 19. 51
§ 20. Schlußbemerkung 54

Erster Teil.

Eines der mehreren mit einer Gesamthypothek belasteten Grundstücke wird versteigert; die Gesamthypothek ist als fortbestehend ins geringste Gebot aufzunehmen.

§ 1.

Das Versteigerungsgeschäft.

Geht die Gesamthypothek dem Anspruche des betreibenden Gläubigers vor, so ist das Versteigerungsgeschäft ohne Besonderheiten; die Gesamthypothek ist ohne jede Beeinträchtigung gemäß § 44 als fortbestehend ins geringste Gebot aufzunehmen.[1] Es ist das lediglich eine Folge des Deckungs- und Übernahmeprinzips. Eine an sich denkbare, etwa dem Gedanken des § 64 Abs. 1 entsprechende, die gesamthypothekarische Belastung reduzierende Ausnahmeregelung wird im Gesetz nicht getroffen.

Derjenige, der das Grundstück zu erstehen gedenkt, kann jedoch zu seinen Gunsten nicht darauf spekulieren, daß es nur mit einer Gesamthypothek belastet sei, die möglicherweise ohne jede

[1] Wird das Fortbestehen einer an sich nach § 44 in das geringste Gebot nicht aufzunehmenden und darum gemäß § 52 erlöschenden Zweighypothek einer Gesamthypothek am zu versteigernden Grundstücke gemäß § 59 als Versteigerungsbedingung bestimmt, so findet analoge Behandlung wie oben statt. — Andere Grundsätze gelten, wenn das Fortbestehen der an sich nach § 44 erloschenen Zweighypothek am versteigerten Grundstücke gemäß § 91 Abs. 2 zwischen dem Ersteher und dem Gesamthypothekengläubiger vereinbart wird; eine Forderung auf Zahlung gemäß § 50 gegen den Ersteher kann hier, da die Vereinbarung wie Befriedigung aus dem Grundstücke wirkt, nicht entstehen. Vgl. hierzu §§ 1181 Abs. 2, 1182 BGB.

Leistung seinerseits zufolge Befriedigung des Gesamthypothekengläubigers aus einem andern der mitbelasteten Grundstücke erlöschen könnte. Der Erstehungslustige hat vielmehr mit den sogleich zu besprechenden Bestimmungen über die Zuzahlungspflicht des § 50 zu rechnen und sich gegenwärtig zu halten, daß die Belastung des zu versteigernden Grundstückes mit der Gesamthypothek für den Ersteher mindestens ebenso schwer ist, als wenn das Grundstück lediglich mit einer Singularhypothek belastet wäre.

Das Verteilungsgeschäft.

§ 2.

a) Grund und Natur der Zuzahlungspflicht des Erstehers.

Würde im Verteilungsverfahren darauf, daß das versteigerte Grundstück nicht mit einer Singularhypothek, sondern lediglich mit der Zweighypothek einer Gesamthypothek, also schwächer belastet ist, keine Rücksicht genommen, so würde eine Anzahl Unbilligkeiten die Folge sein.

Würde beispielsweise nach Beendigung des Versteigerungsverfahrens der Gesamthypothekengläubiger auf die Zweighypothek am versteigerten Grundstück verzichten (§ 1175 Abs. 1 S. 2 BGB.), oder würde er aus einem andern mitbelasteten Grundstücke durch Zwangsversteigerung oder Zwangsverwaltung (§ 1181 Abs. 2 BGB.) oder aus den Gegenständen des andern Grundstücks befriedigt, auf die sich die Hypothek erstreckt (§ 1181 Abs. 3 BGB.), ohne daß dadurch eine Rückgriffshypothek am versteigerten Grundstücke entstünde (§ 1182 BGB.), so würde die Gesamthypothek am versteigerten Grundstücke erlöschen; es würde mit diesem Erlöschen eine Entlastung und Wertserhöhung des Grundstückseigentums eintreten, ohne daß der Ersteher oder sein Nachfolger im Eigentum einen Vermögensaufwand gehabt hätten.

Das Gleiche gilt in den übrigen Fällen, in denen die Zweighypothek am versteigerten Grundstück nach den besonderen Vorschriften über die Gesamthypothek erlischt.

Die Folge dieser Ergebnisse für denjenigen, der ein mit

einer Gesamthypothek belastetes Grundstück zu erstehen beabsichtigt, würde auf der andern Seite die Ungewißheit über den Umfang dessen sein, was er für den Erwerb des zu versteigernden Grundstücks in Zukunft zu leisten haben wird, die zur Zeit des Bietens bestehende Ungewißheit, ob er in Zukunft den Gesamthypothekengläubiger wird befriedigen müssen oder nicht. Mit andern Worten: Der Erstehungslustige wäre darauf angewiesen zu spekulieren und ein Risiko auf sich zu nehmen, das um so größer wäre, je höher der Betrag der auf dem versteigerten Grundstück lastenden Gesamthypothek wäre.

Es ist nun die Aufgabe der Gesetzgebung klar zu bestimmen, in welcher Weise der aus der Natur der Gesamthypothek sich ergebende eben besprochene Vorteil, der an sich im gesetzten Falle dem Ersteher oder seinem Nachfolger im Eigentume des versteigerten Grundstücks zukommen würde, denjenigen zugeführt werden soll, denen er im Falle der Nichtversteigerung zugefallen wäre; damit wird dann auch die gedachte Folge, die Unbestimmtheit der Leistungen des Erstehers, beseitigt.

Das Preußische Gesetz, die Zwangsvollstreckung in das unbewegliche Vermögen betreffend, vom 13. Juli 1883, führte zuerst in seinen §§ 58. 59 die sogenannte Ersatzübernahme ein: Der Ersteher hatte einen andern Anspruch von gleicher Höhe unter den für die Gesamthypothek festgestellten Bedingungen der Verzinsung und Zahlung an Stelle der Gesamthypothek zu übernehmen, für den Fall, daß der Gesamthypothekengläubiger aus dem mitverhafteten Grundstück befriedigt wurde u. s. w.

Diese Ersatzübernahme, die übrigens auch das Sächsische Subhastationsgesetz in seinem § 16 Abs. 2 im Anschluß an das Preußische Gesetz eingeführt hat, führte, wie die Motive hervorheben, zu einer Unzahl Unbilligkeiten und Schwierigkeiten, so z. B. dann, wenn die an Stelle der Gesamthypothek zu übernehmende Last eine Hypothek oder Grundschuld nicht war.[1]

Das Deutsche Zwangsversteigerungsgesetz versucht die erforderliche Vorteilsausgleichung auf andere Weise:

Es bleibt bei seiner Regelung der Grundsatz des § 91 Abs. 1

---

[1] Weitere Beispiele s. Motive S. 173. 174.

gewahrt; die nicht ins geringste Gebot fallenden dinglichen Belastungen erlöschen mit dem Zuschlag, anders wie bei der Ersatzübernahme, endgültig und führen nicht eine bedingte Fortexistenz. Der Ersteher hat jedoch in dem in Rede stehenden Fall für den ihm werdenden Vorteil ein Geldäquivalent zu leisten; es tritt nach dem Zwangsversteigerungsgesetz in diesem Falle eine persönliche Zuzahlungs- oder Ersatzzahlungspflicht des Erstehers, eine Erweiterung seiner Zahlungspflicht ein, § 50 Abs. 2 Ziff. 2.

Der Betrag dieser vom Ersteher zu leistenden Zuzahlung ist einfach der Betrag der erloschenen Gesamthypothek.

Mit Rücksicht auf den Ersteher, der beim Bieten nur damit rechnet, das Bargebot, nicht aber außerdem in Bälde einen weiteren Kapitalsbetrag zahlen zu müssen, bestimmt § 50, daß die Ersatzzahlungspflicht nicht sofort nach dem oft plötzlich und unerwartet erfolgenden Eintritt der sie begründenden Voraussetzungen (Erlöschen der Gesamthypothek am versteigerten Grundstück ganz oder zum Teil) zu erfüllen ist, sondern daß hinsichtlich der Kündigung, und ebenso hinsichtlich der Verzinslichkeit, des Zinssatzes und des Zahlungsortes die für die Gesamthypothek getroffenen Bestimmungen gelten (§ 50 Abs. 1 S. 2).

Es ist also, wie schon hier ersichtlich, die Forderung auf die Zuzahlung neben dem gemäß § 49 Abs. 2 verzinslichen und gemäß § 49 Abs. 1 zahlbaren Bargebot eine besonderen Regeln unterliegende Gegenleistung des Erstehers, ein besonderer Teil der Teilungsmasse des § 107 Abs. 1.[1]

Eine Forderung aus ungerechtfertigter Bereicherung im technischen Sinne ist die Zuzahlungsforderung nicht; denn ihr Grund ist ein rechtgeschäftlicher, das Gebot.

§ 3.

b) Die Tatbestände, welche die Zuzahlungspflicht erzeugen.

I. Voraussetzung der Entstehung der Zuzahlungspflicht ist eine ohne Zutun des Erstehers des mit der Gesamthypothek belasteten Grundstücks eintretende Bereicherung desselben. Aber

[1] Vgl. miteinander die Bestimmungen der §§ 50 Abs. 1 S. 2 u. 49 Abs. 1 u. 2; 118 Abs. 2 S. 1 u. 125 Abs. 3; 132 Abs. 1 S. 1 u. 132 Abs. 1 S. 2.

nicht jede derartige Bereicherung vermag die Zuzahlungspflicht zu erzeugen.

Besteht z. B. am versteigerten Grundstück zufolge Aufnahme ins geringste Gebot eine Gesamthypothek für die Schuld eines Dritten (nicht des Subhastaten) fort und befriedigt der Ersteher den Gesamthypothekengläubiger, so geht gemäß §§ 1173 Abs. 1, 1143 die Forderung gegen den persönlichen Schuldner und die Hypothek am versteigerten Grundstück auf den Ersteher über. Cediert nun der Ersteher die Hypothek für den von ihm gezahlten Betrag weiter und wird der Cessionar vom persönlichen Schuldner befriedigt, so geht gemäß § 1163 die Hypothek nicht unter, sondern wird Eigentümergrundschuld. Also eine Bereicherung des Erstehers liegt vor, aber doch entsteht mangels der Voraussetzung des § 50 keine Zuzahlungspflicht: Die Bereicherung des Erstehers hat ihren Grund nicht, wie § 50 Abs. 2 Ziff. 2 fordert, in den besondern Vorschriften über die Gesamthypothek, sondern in denen über die Eigentümerhypothek.

Die Bereicherung, die die Zuzahlungspflicht zur Entstehung bringt, muß sich nach § 50 Abs. 2 Ziff. 2 darin gründen,

1. daß die Gesamthypothek an dem einzeln versteigerten Grundstück erlischt, und
2. daß sie nach den besonderen Bestimmungen über die Gesamthypothek erlischt.

Hieraus ergibt sich: die Zuzahlungspflicht entfällt, ganz abgesehen von der Einzelfrage, ob hier überhaupt eine Bereicherung des Erstehers vorliegt, ohne weiteres mangels der ersten Voraussetzung, wenn die Gesamthypothek oder die gleichzeitig zur Einzelhypothek werdende Zweighypothek am versteigerten Grundstück nicht erlischt, sondern nur auf einen andern übergeht. Man denke an den Fall der Befriedigung des Gesamthypothekengläubigers durch den gemäß § 1173 BGB. regreßberechtigten Eigentümer des mitbelasteten nicht versteigerten Grundstücks oder den nach § 1174 BGB. regreßberechtigten persönlichen Schuldner.

Die Zuzahlungspflicht könnte schon mangels der zweiten Voraussetzung nicht entstehen, wenn der Gesamthypothekengläubiger gerade aus dem versteigerten Grundstücke durch Zwangsversteigerung oder gemäß § 810 CPO., § 1181 Abs. 3 BGB.

durch Zwangsvollstreckung in die Gegenstände befriedigt wird, auf die sich die Hypothek erstreckt; denn es würden diese Tatbestände, die allerdings zwar das Erlöschen der Gesamthypothek oder doch der Zweighypothek am versteigerten Grundstück bewirken, wenn es sich um eine Einzelhypothek und nicht um eine Gesamthypothek handelte, auch deren Erlöschen bewirkt haben. Vergl. BGB. § 1181 Abs. 1.

Trotz Vorhandenseins der soeben genannten beiden Voraussetzungen soll nach *§ 50 Abs. 3 eine Zuzahlungspflicht nicht* entstehen, sofern eine persönliche Haftung des Erstehers fortbesteht. Diese Ausnahme dürfte nur denkbar sein, wenn der Ersteher zufolge § 53 persönlich haftet und der Gläubiger alsdann entweder auf die Gesamthypothek am versteigerten Grundstück verzichtet oder gemäß § 1170 ein ihn mit der Gesamthypothek am versteigerten Grundstück ausschließendes Ausschlußurteil ergangen ist.

II. Die einzelnen Tatbestände, die ein Erlöschen der Gesamthypothek in dem in § 50 Abs. 2 Ziff. 2 geforderten Sinne und damit eine Entstehung des Zuzahlungspflicht bewirken, dürften die folgenden sein:

1. Der Fall des § 1173 Abs. 1 S. 1 und S. 2 BGB, vergl. § 1176, angenommen, daß der befriedigende Eigentümer bezw. der Eigentümer, auf den das Gläubigerrecht u. s. w. übertragen wird, der Eigentümer eines anderen mitbelasteten Grundstücks als des versteigerten ist.

Anders im Falle des § 1173 Abs. 2, vergl. § 1176.

2. Der Fall des § 1174 Abs. 1 S. 2, angenommen, daß das versteigerte Grundstück zu den „übrigen“ des § 1174 gehört. Vergl. noch § 1176.

3. Der Fall des § 1175 Abs. 1 S. 2, wenn der Gesamthypothekengläubiger auf die Hypothek am versteigerten Grundstück verzichtet.

4. Der Fall des § 1175 Abs. 2 i. V. mit § 1175 Abs. 1 S. 2; es tritt hier also die Zuzahlungspflicht des Erstehers dann ein, wenn das Aufgebotsverfahren lediglich die auf dem versteigerten Grundstück lastende Zweighypothek betraf.[1]

[1] Über die Fälle, daß das Aufgebotsverfahren sich auf sämtliche mit der Gesamthypothek belastete Grundstücke erstreckt hat, und infolgedessen die Gesamthypothek den sämtlichen Eigentümern zugefallen ist, siehe weiter unten.

5. Der Fall des § 1181 Abs. 2, angenommen, daß die Befriedigung aus einem andern als dem versteigerten Grundstücke erfolgt.

6. Der Fall des § 1132 Abs. 2; denn auch hier tritt, soweit durch die Verteilung das Grundstück nicht mehr für die Forderung des Gesamthypothekengläubigers zu haften hat, ein Erlöschen der Gesamthypothek nach den besonderen Vorschriften über die Gesamthypothek ein.

Zweifelhaft ist, ob die Zuzahlungspflicht auch in dem praktisch wohl seltenen Falle entsteht, wenn die Gesamthypothek nach dem Zuschlage, sei es durch Verzicht des Gläubigers gemäß § 1175 Abs. 1 S. 1 oder durch Ausschluß desselben mit der Gesamthypothek im Wege des auf alle mitbelasteten Grundstücke sich erstreckenden Aufgebotsverfahrens gemäß § 1175 Abs. 2 i. V. mit § 1170 BGB., sei es schließlich gemäß § 1172 BGB. i. V. mit § 1163, den Eigentümern der mitbelasteten Grundstücke, darunter auch demjenigen des versteigerten Grundstücks, gemeinschaftlich zufällt und dann gemäß §§ 1172 Abs. 2, 1132 Abs. 2 BGB. eine Verteilung der Gesamthypothek und damit ein Erlöschen der Gesamthypothek am versteigerten Grundstück ganz oder zum Teil bewirkt wird.

Es dürfte nun kaum einem Bedenken unterliegen, daß der Vorteil, der an sich dem Eigentümer, also darunter dem Ersteher, durch das vollständige oder teilweise Erlöschen der dinglichen Haftung in diesen Fällen ohne ihr Zutun durch Entlastung des Eigentums wird, auf Grund der besonderen Vorschriften über die Gesamthypothek erlangt wird. Dieser Vorteil würde, wenn die Versteigerung unterblieben wäre, denjenigen zugefallen sein, die aus dem Grundstückserlöse zu befriedigen waren, den dinglich Berechtigten durch Vorrücken, den persönlich Berechtigten durch Entlastung des Eigentums und darum Vergrößerung eines Objekts ihres Zugriffs.

Es dürfte demnach die Voraussetzung der Ausgleichung, die § 50 Abs. 2 Ziff. 2 stellt, ein ohne Zutun auf Grund der besonderen Vorschriften über die Gesamthypothek erlangter Vorteil auf der einen, die gedachte Benachteiligung auf der andern

Seite, gegeben und es dürfte die oben gestellte Frage zu bejahen sein.[1]

Eine andere Frage ist die, ob man im gedachten Falle die Bereicherung und damit die Entstehung der Zuzahlungspflicht im Momente der Entstehung der Eigentümergesamthypothek oder erst im Momente der Verteilung der Gesamthypothek gemäß §§ 1172 Abs. 2, 1132 Abs. 2 BGB. und dem damit ja korrekt erst erfolgenden teilweisen oder vollständigen „Erlöschen“ der Gesamthypothek am versteigerten Grundstück als gegeben anzusehen hat.[2]

Man wird sich wohl — dem Wortlaut des § 50 Abs. 2 S. 2, der ein „Erlöschen“ verlangt, entgegen — für das erstere zu entscheiden haben. Denn mit dem Momente der Entstehung der Eigentümergesamthypothek steht der zu erlangende Anteil des Erstehers und darum der auf dem versteigerten Grundstücke zur Löschung zu bringende Teil der Gesamthypothek gemäß § 1172 Abs. 2 BGB. fest. Das gilt auch dann, wenn frühere Vereinbarungen des Subhastaten mit den Eigentümern der mitbelasteten Grundstücke über den dem (später versteigerten) Grundstücke zufallenden Teil der Eigentümergesamthypothek im Sinne von § 1172 Abs. 2 („sofern nicht ein anderes vereinbart ist“), getroffen worden sind; diese sind, wenn sie überhaupt für den Ersteher bindend sein sollten, aus dem Grundbuch ersichtlich; eigene derartige Vereinbarungen des Erstehers dürfen die Rechte der Zuzahlungsberechtigten nicht beeinträchtigen, können daher nicht in Betracht kommen. Wollte man sich der Meinung anschließen, daß erst die Teillöschung der Gesamthypothek am versteigerten Grundstück zufolge der Verteilung derselben dafür entscheidend sein solle, in welcher Höhe die Zuzahlungspflicht des Erstehers zur Entstehung kommt, so wäre die Folge diese:

Da die Eigentümer der von der Gesamthypothek belasteten Grundstücke, darunter der Ersteher, es in der Hand haben, die

---

[1] Vgl.: Reinhard, Das Zwangsversteigerungsgesetz, ausführlich erläutert, Leipzig 1901, Bd. I S. 255 ff. (Bem. III 3 zu § 50). Anderer Ansicht ist Jäckel, Das Reichsgesetz über die Zwangsversteigerung u. Zwangsverwaltung, Berlin 1901, S. 182 unten u. 183 (Bem. 5 zu § 50 unter c^{cc} u. d^{aa}).

[2] Vgl. Kretzschmar, Einführung in das Grundbuchrecht. Leipzig 1902, S. 396 ff.

Eigentümergesamthypothek nun an den nichtversteigerten Grundstücken zur Löschung zu bringen, und dem versteigerten Grundstücke die volle in eine Einzelhypothek sich verwandelnde Gesamthypothek zuzuteilen, so könnten sie damit zugleich die Entstehung der Zuzahlungsforderung verhindern; denn es würde am versteigerten Grundstücke die Gesamthypothek nicht ganz und nicht teilweise nach den besonderen Vorschriften über die Gesamthypothek mehr erlöschen können. Ist der Ersteher nun noch dazu Eigentümer der mit der Gesamthypothek mitbelasteten anderen Grundstücke, so wären die Zuzahlungsberechtigten ganz in seine Hand gegeben.

Diesen Unzuträglichkeiten entgeht man, wenn man, wie oben geschehen, die Bereicherung des Erstehers und seine Zuzahlungspflicht als unbedingt bereits mit der Erstehung der Eigentümergesamthypothek und nicht erst mit deren Aufteilung gegeben ansieht.

§ 4.

c) Die Behandlung der Forderung auf Zuzahlung im Verteilungsverfahren.

I. Die, wie sich aus den obigen Ausführungen ergibt, im konkreten Einzelfalle oft sehr schwierige Frage, ob die Zuzahlungspflicht des Erstehers bereits entstanden ist oder noch nicht, wird sich der Zwangsversteigerungsrichter in den meisten Fällen gar nicht vorzulegen haben.

Es sind zur Zeit der Verteilung des Erlöses des versteigerten Grundstücks hinsichtlich der Entstehung der Zuzahlungspflicht drei Möglichkeiten gegeben: entweder sie ist unzweifelhaft entstanden oder es ist zweifelhaft, ob sie entstanden ist, oder die Unmöglichkeit ihrer Entstehung steht fest.[1]

[1] Zum Folgenden vgl. bes.: Reinhard, a. a. O., Bd. II, S. 99 ff. (Bem. zu § 125); Jäckel, a. a. O., S. 422 ff. (Bem. zu § 125); Dr. O. Fischer u. Dr. L. Schäfer, Die Gesetzgebung, betr. die Zwangsvollstreckung in das unbewegliche Vermögen, Berlin 1901, S. 429 (Bem. zu § 125); Dr Th. Wolff, Das Reichsgesetz über die Zwangsversteigerung u. Zwangsverwaltung, Berlin 1901, S. 272 (Bem. zu § 125).

1. Im erstgedachten Falle erhebt sich die Frage, wann die Entstehung der Zuzahlungspflicht als unzweifelhaft feststehend zu gelten hat. Dazu ist zu bemerken:

Das gemäß § 130 erfolgende Ersuchen ans Grundbuchamt ist in diesem erstgedachten Falle auch auf die Löschung der Gesamthypothek am versteigerten Grundstück zu richten, § 130 Abs. 2. Da nun das Erlöschen der Gesamthypothek ein außerhalb des Versteigerungsverfahrens sich abspielender Vorgang, da anderseits eine materielle Prüfung der Berechtigung des Löschungsersuchens dem Grundbuchrichter nicht zusteht, so ergibt sich, daß im Falle des § 130 Abs. 2 der Versteigerungsrichter eine Prüfung und eine Tätigkeit vorzunehmen hat, die an sich dem Grundbuchrichter obliegt, und hieraus folgt, daß der Versteigerungsrichter das Ersuchen um Löschung nur vornehmen und daher rückwärts das Erlöschen der Gesamthypothek am versteigerten Grundstück und darum die Entstehung der Zuzahlungspflicht nur dann als gewiß ansehen kann, wenn an seiner Stelle der Grundbuchrichter abgesehen vom Löschungsantrage die Löschung der Gesamthypothek vornehmen würde.

Praktisch ausgedrückt: Die erforderliche Gewißheit, daß die Gesamthypothek gemäß § 50 Abs. 2 Ziff. 2 erloschen ist und die Forderung auf Zuzahlung gegen den Ersteher unbedingt entstanden ist, besteht für den Zwangsversteigerungsrichter nur dann, wenn die Unterlagen ihm vorliegen, die grundbuchrechtlich abgesehen von dem Löschungsantrage zur Löschung der Gesamthypothek erforderlich sind[1]: also je nach der Sachlage z. B. die Löschungsbewilligung des Gesamthypothekengläubigers gemäß § 19 GBO., des Erstehers eventuell des Subhastaten gemäß § 27 GBO. und der Eigentümer der mitbelasteten Grundstücke in der in § 29 GBO. bestimmten Form oder durch Erklärung zu Protokoll im Verteilungstermin; ferner bei Briefhypothek der Brief gemäß § 42 GBO.

Ist in dieser Weise die Gewißheit des Versteigerungsrichters begründet, daß die Zuzahlungspflicht des Erstehers entstanden ist, so hat das Gericht gemäß § 125 Abs. 1 ohne Bedingung

[1] Vgl. Motive S. 303, III.

die Forderung auf die Zuzahlung auf die betreffenden Beteiligten zu übertragen, deren Befriedigung der Teilungsplan vorsieht.[1]

2. Ergibt sich im Verteilungstermin mit Gewißheit, daß ein Erlöschen der Zweighypothek am versteigerten Grundstück in der in § 50 Abs. 2 Ziff. 2 gedachten Weise gar nicht mehr möglich ist, so ist für die Anwendung des § 125 kein Raum: eine Forderung auf Zuzahlung gegen den Ersteher kann nicht mehr entstehen, ist also nicht einmal bedingt zu übertragen.

Diese Fälle sind z. B. dann gegeben, wenn der Gesamthypothekengläubiger gemäß § 1175 Abs. 1 BGB. auf seine Hypothek an den mitbelasteten Grundstücken verzichtet hat und damit die Zweighypothek am versteigerten Grundstück zur Einzelhypothek geworden ist oder wenn der Gesamthypothekengläubiger durch Versteigerung eines mitbelasteten Grundstücks II in einem andern Verfahren nach dem Zuschlage des hier fraglichen Grundstücks I Befriedigung erlangt hat, die Gesamthypothek sonach an diesem Grundstück I erloschen ist, der Subhastat des mitbelasteten Grundstücks II aber von dem Subhastaten des Grundstücks I und nur von diesem Ersatz verlangen kann, § 1182 BGB.; auch dann besteht ja nur noch eine Einzelhypothek an Stelle der Gesamthypothek am Grundstück I.

Die Gewißheit, daß eine Entstehung der Zuzahlungspflicht nicht mehr möglich ist, wird der Versteigerungsrichter dann erlangen können, wenn ihm die erforderlichen grundbüchlichen Löschungen und Umschreibungen als erfolgt nachgewiesen werden. Nur dann wird er sich die Übertragung der Zuzahlungsforderung sparen können.

3. In der Praxis fast ausnahmslos wird die dritte Möglichkeit sein: Im Verteilungstermin besteht die Gesamthypothek am versteigerten Grundstück unbezweifelt oder es ist doch nicht in der erforderlichen, in Ziff. 1 und 2 gedachten Weise unzweifelhaft, ob sie noch besteht.

Alsdann ist gemäß § 125 Abs. 2 die eventuell, unter der Voraussetzung des § 50 Abs. 2 Ziff. 2 entstehende, vielleicht auch

[1] Über den Fall, daß der Ersteher seine Zuzahlungspflicht durch Barzahlung im Verteilungstermin ans Gericht erfüllen will, s. u. a. Jäckel, S. 423, Bem. 1 zu § 125, Fischer u. Schäfer, Bem. 1 zu § 125 (S. 429).

schon unbekanntermaßen nach dem Zuschlage entstandene Zuzahlungsforderung des Subhastaten gegen den Ersteher auf die Befriedigungsberechtigten zu übertragen.

II. Falls eine Übertragung der Forderung auf die Zuzahlung auf die Befriedigungsberechtigten stattfindet, wie das nach der obigen Ausführung in der Praxis fast ausnahmslos geschehen wird, ist für die Forderung gegen den Ersteher gemäß §§ 128. 130 Sicherungshypothek am versteigerten Grundstück mit dem Range des Anspruchs des Befriedigungsberechtigten einzutragen.

Diese übertragene (bedingte oder unbedingte) Forderung auf die Zuzahlung und der Anspruch aus der dafür eingetragenen Sicherungshypothek ist nach dem Gesetze in keinem Falle, auch nicht in dem oben unter I Ziff. 1 dieses Paragraphen, mit der Stärke ausgestattet, wie die gemaß § 118 (im Falle der Nichtberichtigung des Baargebots) übertragene Forderung und wie der Anspruch aus der für diese eingetragenen Sicherungshypothek.

Gemäß § 132 ist die übertragene Forderung auf Zahlung des Bargebots gegen den Ersteher vollstreckbar, ebenso ist der Anspruch aus der für sie eingetragenen Sicherungshypothek gegen den Ersteher und jeden späteren Eigentümer des versteigerten Grundstücks vollstreckbar.

Die übertragene Zuzahlungsforderung und der Anspruch aus der für sie eingetragenen Sicherungshypothek entbehrt im Gegensatz hierzu dieser Vollstreckbarkeit, auch im Falle oben unter I, 1, § 130 Abs. 1 S. 2. Damit wird erreicht, daß die Entscheidung der oft so schwierigen Frage, ob die Zuzahlungspflicht entstanden ist oder nicht, der für die Beantwortung derartiger Fragen ungeeigneten Vollstreckungsinstanz ganz entzogen und der Prozeßinstanz überlassen wird.

Auf der andern Seite wiederum hat die gemäß § 125 erfolgende Übertragung der Zuzahlungsforderung auch nicht den starken Effekt, der der Übertragung der Bargebotsforderung beigelegt ist: die erstere Übertragung gemäß § 125 hat nie, auch nicht in dem oben unter I, 1 gedachten Falle der Übertragung der unbedingten Zuzahlungsforderung, die in § 118 Abs. 2 normierte Befriedigungswirkung, § 125 Abs. 3

Zweiter Teil.

Mehrere mit einer Gesamthypothek belastete Grundstücke werden in einem Verfahren versteigert; die Gesamthypothek bleibt bei jedem einzelnen der Grundstücke nach den Versteigerungsbedingungen bestehen.

§ 5.

Vorbemerkung.

Nach § 63 ist im Falle der Versteigerung mehrerer Grundstücke in einem einheitlichen, gemäß § 18 stattfindenden Verfahren möglich:

a) die Einzelausbietung der mehreren Grundstücke — das ist die gesetzliche Regel, § 63 Abs. 1 — oder

b) Gesamtausgebot der sämtlichen Grundstücke — das ist nur auf Antrag eines Beteiligten zulässig, dann aber erforderlich, § 63 Abs. 2 — oder

c) Gruppenausgebot, wie das Gesetz es nennt: „das Gesamtausgebot einzelner der Grundstücke" — das ist nur auf Antrag zulässig und zwar dann in gewissen Fällen erforderlich, in gewissen nicht, § 63 Abs. 2.

Dementsprechend ist möglich Zuschlag auf Gesamt-, Gruppen- und Einzelausgebot. Wann der Zuschlag auf das eine oder andere im Falle verschiedenartigen Ausgebots zu erfolgen hat, bestimmt § 63 Abs. 4.

Wir beginnen mit Betrachtung des gesetzlichen Regelfalls der Einzelausbietung, besprechen dann den gesetzlichen Ausnahmefall, daß vom Antragsrecht des § 64 Abs. 1, nicht aber zugleich vom Antragsrecht des § 64 Abs. 2, und schließlich den Fall, daß von den beiden Antragsrechten des § 64 Abs. 1 und Abs. 2 zugleich Gebrauch gemacht wird (unten I §§ 6—8); sodann finden die Fälle Besprechung, daß die mehreren Grundstücke auf Gesamtausgebot (unten II, § 9) und auf Gruppenausgebot (unten III, § 10, zugeschlagen werden.

§ 6.

I. a) Es findet nur Einzelausbietung der mehreren in einem Verfahren zu versteigernden Grundstücke statt und zwar wird von der Befugnis des § 64 Abs. I kein Gebrauch gemacht.

In diesem Falle ist für jedes Grundstück das geringste Gebot gesondert entsprechend dem § 44 zu bilden; in jedes der geringsten Gebote ist die Gesamthypothek, die irgend eine Beeinträchtigung nicht erfährt, ihrem vollen Betrage nach aufzunehmen.

Ist auf die Einzelgebote der Zuschlag erfolgt, so ist bei der Verteilung des Erlöses der einzelnen Grundstücke die eventuelle Zuzahlungspflicht des Erstehers gemäß den §§ 50. 125 in der früher (Teil I) besprochenen Weise zu berücksichtigen.

Hinsichtlich der aus dem Versteigerungserlöse bar zu bezahlenden Zinsen- und Kostenforderung des Gesamthypothekengläubigers finden die später zu besprechenden §§ 122. 123 Anwendung.

§ 7.

b) Es findet Einzelausbietung der mehreren in einem Verfahren zu versteigernden Grundstücke statt; es wird von der Antragsbefugnis des § 64 Abs. I seitens eines Antragsberechtigten Gebrauch gemacht, nicht aber von der Antragsbefugnis des § 64 Abs. 2 seitens des Gesamthypothekengläubigers.

I. Bei Anwendung der gewöhnlichen Grundsätze über die Bildung des geringsten Gebots bei der Einzelausbietung der zu versteigernden Grundstücke, wie wir sie soeben kurz erörtert haben, muß der Entstehungslustige, der ein einzelnes der zu versteigernden Grundstücke zu erstehen gedenkt, in Rücksicht auf § 50 praktisch ungefähr so kalkulieren, als ob das Grundstück nicht bloß mit der eventuell ohne sein Zutun erlöschenden Zweighypothek einer Gesamthypothek, sondern als ob es mit einer Singularhypothek belastet wäre.

Zu einem Mißstand führt infolgedessen die strikte Durchführung des gesetzlichen Deckungsprinzips dann, wenn infolge der Vollaufnahme der Gesamthypothek in die einzelnen geringsten

Gebote der mehreren zu versteigernden Grundstücke diese geringsten Gebote die Einzelwerte der Grundstücke übersteigen, dagegen die Beträge der in die geringsten Gebote aufzunehmenden Rechte hinter dem Gesamtwerte der Grundstücke weit zurück bleiben. Es würde dann einfach, da ja der Bietungslustige stets über den Grundstückswert bieten müßte, Ergebnislosigkeit der Versteigerung eintreten, sofern nicht Gesamtausgebot am Platze ist.

II. Diesem möglicherweise eintretenden Mißstand soll § 64 Abs. 1 abhelfen; der § 64 Abs. 1 soll eine Verminderung des geringsten Gebots, eine Verringerung der vom Ersteher auf jeden Fall zu übernehmenden Lasten und darum einen höheren verteilungsfreien Versteigerungserlös herbeiführen.

Der § 64 Abs. 1 bestimmt, daß im gesetzten Fall auf Antrag gewisser Beteiligter die Gesamthypothek bei der Feststellung des geringsten Gebots für das einzelne Grundstück nur zu dem Teilbetrage zu berücksichtigen ist, der dem Verhältnis des Werts des betreffenden Grundstücks zu dem Werte der sämtlichen Grundstücke entspricht. Der Wert der Grundstücke soll dabei unter Abzug der Belastungen berechnet werden, die der Gesamthypothek im Range vorangehen und bestehen bleiben. Mit andern Worten, es soll in das geringste Gebot fürs einzelne Grundstück auf Antrag gewisser Beteiligter nur ein solcher Teil der Gesamthypothek eingestellt werden, der demjenigen Teil des Wertes des Grundstücks entspricht, der zur Befriedigung des Gesamthypothekengläubigers aus diesem Grundstück zur Verfügung steht.[1]

Mit dem Betrage, mit dem die Gesamthypothek beim einzelnen Grundstücke ins geringste Gebot nicht aufgenommen wird, erlischt sie dann gemäß § 52 Abs. 1 mit dem rechtskräftigen Zuschlage; im übrigen Umfange bleibt sie bestehen.

Das Gesetz schreibt die Verteilung der Gesamthypothek nicht

---

[1] Über die Berechnung des betreffenden freien Werts, falls der Gesamthypothek Rentenschulden, bedingte Rechte, Vormerkungen, Widersprüche, Notwegrenten, Überbaurenten u. dergl. vorgehen, siehe Fischer u. Schäfer, Die Gesetzgebung über die Zwangsvollstreckung in das unbewegliche Vermögen. Berlin 1901/2, Bem. zu § 64 Ziff. 2. — Über die Bedenklichkeit des gesetzlichen Verteilungsmodus siehe die Beispiele bei Schöller, Zwangsversteigerung und Zwangsverwaltung. Düsseldorf 1899. S. 93 ff. u. Reinhard, a. a. O., Bd. I S. 343 (Bem. II 2 zu § 64).

bloß dann vor, wenn die sämtlichen mit der Gesamthypothek belasteten Grundstücke zur Versteigerung stehen, sondern auch dann, wenn nur zwei oder mehrere der mit der Gesamthypothek belasteten Grundstücke von der Versteigerung erfaßt sind, während andere oder ein anderes mit ihr belastetes Grundstück nicht zur Versteigerung stehen.

Anderer Meinung ist in diesem Punkte Kretschmar, Einführung ins Grundbuchrecht S. 390; er verlangt zur Anwendung des § 64, daß alle mit der Gesamthypothek belasteten Grundstücke den Gegenstand des Versteigerungsverfahrens bilden, weil sonst die Gesamthypothek an den nicht versteigerten unberührt bliebe und Einzelhypotheken nicht geschaffen werden könnten. Jedoch ist auch das Schaffen von Einzelhypotheken gar nicht das Ziel des § 64 Abs. 1; sein Ziel ist vielmehr nur eine Verminderung des geringsten Gebots, zum Zwecke einer Erhöhung des Versteigerungserlöses, und dieses Ziel ist auch im gesetzten Fall durch die gemäß § 64 Abs. 1 erfolgende Verteilung unbeschadet der Forthaftung der nicht versteigerten Grundstücke zu erreichen.

Stehen nicht alle mit der Gesamthypothek belasteten Grundstücke zur Versteigerung oder kommt es doch wenigstens nicht hinsichtlich aller der mit ihr belasteten Grundstücke nach erfolgter Verteilung gemäß § 64 Abs. 1 zum Zuschlag, so bleibt die Gesamthypothek an den nicht zugeschlagenen Grundstücken voll bestehen; unter den zugeschlagenen hört die gegenseitige Mitverhaftung auf; von diesen letzteren haftet nunmehr jedes der versteigerten Grundstücke für einen anderen Teil der Forderung als das andere gleichfalls zugeschlagene. Mithaftung dieser Grundstücke besteht dagegen mit den Grundstücken fort, hinsichtlich deren ein Zuschlag nicht erfolgt ist oder die gar nicht zur Versteigerung standen.[1]

Sind die sämtlichen von der Gesamthypothek belasteten Grundstücke in dem einen Verfahren befangen, so ist die Folge der Anwendung des § 64 Abs. 1, daß die Gesamthypothek sich in lauter Einzelhypotheken zerschlägt, so daß jedes versteigerte

[1] Irrig ist im letzten Punkte das Beispiel bei Reinhard, a. a. O. Bd. 1 S. 344: Das hier beispielsweise gegebene Ersuchen ans Grundbuchamt läßt die Mithaftung der zugeschlagenen Grundstücke untereinander fortbestehen.

Grundstück für einen andern Teilbetrag der Forderung haftet, und daß eine Zuzahlungspflicht mit den durch sie hervorgerufenen Komplikationen nicht mehr entstehen kann.

III. § 64 Abs. 1 vereinfacht demnach unter Umständen die Situation, ist aber etwas radikal insofern, als seine Anwendung nicht davon abhängt, daß der Mißstand, dessen möglichem Eintritt er seine Entstehung verdankt, (s. oben I) auch in concreto vorhanden ist. Der schwere Eingriff in die Rechte des Gesamthypothekengläubigers findet auch dann statt, wenn das ungeschmälerte Bestehenbleiben der Gesamthypothek einen schweren Nachteil nicht im Gefolge hätte, z. B. auch dann, wenn die Gesamthypothek im Verhältnis zu den andern vom Ersteher mit zu übernehmenden Hypotheken von geringem Betrage ist und darum ihr Vorhandensein die Bietungslust nicht beeinträchtigt, oder wenn infolge besonderer Umstände auf die zu versteigernden Grundstücke trotz Fortbestehens der Gesamthypothek soviel geboten würde, daß sämtliche Gläubiger gedeckt würden und daher der infolge der Verteilung der Gesamthypothek erzielte Mehrerlös auf Kosten der Sicherheit des Gesamthypothekengläubigers allein dem Eigentümer der Grundstücke zufällt, der vielleicht gerade die Gesamthypothek bestellt hat.

IV. Die Verteilung der Gesamthypothek gemäß § 64 Abs. 1 findet nur auf Antrag statt, muß aber im Falle eines Antrags stattfinden.

Der Umkreis derjenigen, denen das Antragsrecht und damit die Macht, empfindlich in die Rechte des Gesamthypothekengläubigers einzugreifen, zu geben war, hätte sich mit Rücksicht auf das Ziel zu bestimmen gehabt, das mit der Verteilung der Gesamthypothek erreicht werden soll. Es soll erreicht werden eine Verringerung des geringsten Gebots und damit eine Erhöhung des Versteigerungserlöses; es war demnach das Antragsrecht des § 64 Abs. 1 nur denjenigen zu verleihen, die an jener Erhöhung des Versteigerungserlöses ein Interesse haben.

Ein solches Interesse besteht nicht bei jedem „Beteiligten“ (§ 9) — jedem „Beteiligten“ verlieh der Entwurf das Antragsrecht (E. II. § 64) —. Es besteht z. B. nicht beim Mieter und Pächter. Es besteht dagegen beim betreibenden Gläubiger und beim Eigentümer zweifellos, es besteht bei denjenigen dem Gesamthypothekengläubiger nachstehenden Beteiligten, deren Rechte als fortbestehend ins geringste Gebot nicht aufzunehmen waren. Es ist darum diesen Personen das Antragsrecht des § 64 mit Recht verliehen worden.

Die dem Gesamthypothekengläubiger gleich- und nachstehenden Beteiligten, deren Rechte zufolge Aufnahme ins geringste Gebot fortbestehen bleiben, haben, wenn wir von ihren Nebenansprüchen (Zinsen- und Kostenforderungen) absehen, wie solche die ihnen vorgehenden, mit dem Antragsrecht des § 64 Abs. 1 jedoch nicht ausgestatteten Beteiligten ja denkbarerweise ebenfalls haben, zwar ein Interesse an der nach § 64 Abs. 1 erfolgenden Verteilung insofern, als mit der Verteilung ganz oder zum Teil die Ungewißheit schwindet, ob der Gesamthypothekar das betreffende Grundstück für die volle Gesamthypothek in Anspruch nehmen und damit ihre eigene Stellung verschlechtern wird. Aber dieses Interesse ist nicht das oben besprochene, nämlich das Interesse an einer Erhöhung des Grundstückserlöses, das mit dem Antragsrecht des § 64 Abs. 1 allein verfolgt werden sollte. Es wäre darum diesen Beteiligten die Rechtsmacht, durch ihren Antrag die Stellung des Gesamthypothekars zu verschlechtern, entgegen dem § 64 Abs. 1, nicht zu verleihen gewesen.

Das bezeichnete Interesse fehlt endlich dann auchdem Gesamthypothekar selbst; dieser ist ja zufolge Aufnahme seiner Gesamthypothek ins geringste Gebot an einer Steigerung des Erlöses ebensowenig, wie die ihm vorgehenden Berechtigteninteressirt.[1,2]

V. Abgesehen von der Beeinträchtigung der Sicherheit der Ge-

---

[1] Nach dem Kommissionsbericht dagegen war ihm das Antragsrecht des § 64 Abs. 1 deshalb nicht verliehen worden, einmal, weil ihm, wenn er eine Verteilung wünscht, das Verteilungsrecht nach § 1132 Abs. 2 BGB. zusteht, und dann, weil, wenn er zum Antrage nach § 64 Abs. 1 befugt wäre, er sodann von dem ihm nach Abs. 2 des § 64 zustehenden Antragsrecht Gebrauch machen und die Fälligkeit seiner Hypothek und Berichtigung durch Zahlung herbeiführen könnte. Vgl. die gesamten Materialien zu den Reichsjustizgesetzen, herausgegeben von C. Hahn u. B. Mugdan, Bd. 5, Berlin 1897, S. 123.

[2] Gehört der Gesamthypothekar gleichzeitig zu den im § 64 Abs. 1 S. 5 genannten Personen, ist er also beispielsweise gleichzeitig Nachhypothekar, so hat er wegen seiner letzteren Eigenschaft das Antragsrecht des § 64 Abs. 1, wegen seiner ersteren Eigenschaft sodann aber das Antragsrecht des § 64 Abs. 2. Jäckel, a. a. O. S. 228 (Bem. 5[b] zu § 64).

samthypothek, die aus der Verteilung nach § 64 Abs. 1 resultiert kann durch diese Verteilung auch die Entstehung der Rückgriffshypotheken zum größeren oder geringeren Teil vereitelt werden, die sonst, wenn die Verteilung unterblieben wäre, zufolge §§ 1173 Abs. 2, 1174 und 1182 BGB. für die dort genannten Ersatzberechtigten entstanden wären. Das geschieht dann, wenn die Rückgriffshypothek im Vollbetrage der Gesamthypothek nach den angeführten Gesetzesbestimmungen an einem Grundstücke zur Entstehung gekommen wäre, das der Versteigerung mit unterlag, an dem infolgedessen durch die gemäß § 64 Abs. 1 erfolgende Verteilung die Gesamthypothek zu einem Teil durch den Zuschlag erlosch. Ein Übergang der Hypothek gemäß §§ 1173 Abs. 2, 1174, 1182 BGB. ist ja dann nur noch zu dem nicht erloschenen Teil der Hypothek mehr möglich. Dieser Nachteil trifft dazu noch den Ersatzberechtigten der angeführten Paragraphen, ohne daß diesem irgend ein Gegenrecht verliehen wäre; denn § 1165 BGB. kann hier, da er nur von rechtsgeschäftlichen Verfügungen des Gläubigers redet, hier dagegen eine richterliche, vom Willen des Gläubigers unabhängige Verteilung Platz greift, auch nicht analoge Anwendung finden.

§ 8.

c) Es findet Einzelausbietung der mehreren in einem Verfahren zu versteigernden Grundstücke statt; es wird seitens des Gesamthypothekengläubigers von der Befugnis des § 64 Abs. 2 Gebrauch gemacht.

Die Verwandlung der Vollhaftung der zugeschlagenen Grundstücke in Haftung nur für einen Teil der durch die Gesamthypothek gesicherten Forderung auf Grund des § 64 Abs. 1 bedeutet, wie schon bemerkt, stets eine Beeinträchtigung der Sicherheit des Gesamthypothekars, besonders da sie auf der Basis einer in der Praxis oft außerordentlich bedenklichen und zweifelhaften Schätzung der Grundstückswerte beruht. Diese Beeinträchtigung ist für den Gesamthypothekar dann um so unbilliger, wenn die Gesamthypothek ohne seinen Willen aus einer Einzelhypothek, beispielsweise durch Teilung des ursprünglich mit einer Einzelhypothek belasteten Grundstücks, zur Entstehung gekommen ist.

Dem Gesamthypothekar sind nun drei Mittel gegeben, diese gemäß § 64 Abs. 1 eintretende Verteilung zu verhüten; er kann

1. dem § 63 entsprechend Gesamtausgebot der mehreren mit der Gesamthypothek belasteten Grundstücke beantragen, er kann

2. dem Antrag des § 64 Abs. 1 zuvorkommen und gemäß § 1132 Abs. 2 BGB. die Zerlegung seiner Gesamthypothek in einer Weise vornehmen, die ihm nach seiner Ansicht mehr Sicherheit verschafft, als der in § 64 Abs. 1 bestimmte Verteilungsmodus.

Die Verteilung nach § 1132 Abs. 2 ist perfekt mit dem erfolgten Eintrag derselben im Grundbuche. Erfolgt eine solche Eintragung nach Einleitung der Zwangsversteigerung, so bedarf die Verteilung der Anzeige seitens des Gesamthypothekars an das Vollstreckungsgericht, da dieses nach der durch § 19 vorgeschriebenen Mitteilung eine Mitteilung danach erfolgter weiterer Grundbucheinträge vom Grundbuchamt nicht erhält.

Streitig ist, ob eine noch nicht perfekte (also im Grundbuch noch nicht eingetragene) Verteilung im Versteigerungstermin zu beachten ist, mit andern Worten unter welchen Voraussetzungen das Antragsrecht des § 64 Abs. 1 entfällt.

Fischer und Schäfer, Bem. 4 zu § 64 am Schluß verlangen, daß der Gesamthypothekar vor der Aufforderung zur Abgabe von Geboten nachweist, daß die nach § 1132 Abs. 2 erfolgte Löschung im Grundbuche fertig bewirkt ist; andernfalls soll das Antragsrecht des § 64 Abs. 1 nicht entfallen.

Derselben Ansicht ist Schneider, im juristischen Literaturblatt Nr. 114 Bd. 12 N. 4. (1900).

Jäckel, Bem. 5 A a. zu § 64, betont zwar, daß der „Korrealgläubiger" jederzeit, also auch bis zum Schlusse des Versteigerungstermins von dem Verteilungsrecht des § 1132 Abs. 2 BGB. Gebrauch machen könne; es müsse jedoch dem Vollstreckungsgericht nachgewiesen werden, daß der Löschung der Gesamthypothek, soweit sie auf jedem Grundstück aufgegeben worden sei, nichts im Wege stehe und daß der „Korrealgläubiger" an seine abgegebene Verteilungserklärung nach § 875 Abs. 2 BGB. gebunden sei.

Wolff, Bem. 1[a] zu § 64, begnügt sich nicht mit dem Nachweise der nach § 875 Abs. 2 BGB. eintretenden Bindung des

Korrealgläubigers an seine Verteilungserklärung, sondern fordert außerdem den Nachweis des entsprechenden Löschungsantrags des Korrealgläubigers.

Reinhard, Bem. III 1 zu § 64, fordert gleichfalls nicht, daß bereits die Eintragung der Verteilung im Grundbuche zur Zeit des Versteigerungstermins erfolgt sei; es soll nach ihm genügen, wenn der Gesamthypothekar im Versteigerungstermin nachweist, daß er die zur Eintragung erforderlichen Erklärungen dem Grundbuchamt gegenüber abgegeben hat; dagegen soll der Nachweis nicht genügen, daß der Gesamthypothekar dem Schuldner eine den Vorschriften der Grundbuchordnung entsprechende Löschungsbewilligung ausgehändigt hat.

Der Streitpunkt ist für den Gesamthypothekar praktisch nicht ohne Wichtigkeit. Denn der Antrag des § 64 Abs. 1 wird für ihn oft ganz unvermutet gestellt werden, es würde ihm dann bei dem häufig für ihn so bedenklichen Verteilungsmodus des § 64 Abs. 1 die Möglichkeit höchst willkommen sein, eine andere als die im § 64 Abs. 1 vorgeschriebene Verteilung vornehmen zu können.

Der Streitpunkt dürfte sich vielleicht mit der Beantwortung zweier Fragen erledigen lassen.

Wir müssen zunächst die Frage stellen, ob und in welcher Weise er überhaupt eine Verteilung der Gesamthypothek, abgesehen von der in dem § 1132 Abs. 2 BGB. gedachten Weise, im Versteigerungsverfahren vornehmen kann. Wir setzen dabei zunächst voraus, daß der Antrag des § 64 Abs. 1 nicht gestellt ist. Es läßt sich hier vielleicht folgendes geltend machen:

Nach den gesetzlichen Vorschriften ist, wie schon mehrfach erörtert, die Gesamthypothek an sich in vollem Umfange in das geringste Gebot als ungeschmälert bestehen bleibend aufzunehmen. Beantragt nun der Gesamthypothekar, die mit der Gesamthypothek belasteten zu versteigernden Grundstücke mit der Maßgabe auszubieten, daß die Mithaft der Grundstücke untereinander aufhört und nur mehr ein Teilbetrag der Hypothek auf jedem Grundstück unter Umständen als Normalhypothek fortlastet, so daß also mit dem Zuschlage eine Verteilung der Gesamthypothek perfekt wäre, so liegt in einem derartigen Antrage ein Antrag auf eine von den gesetzlichen Vorschriften abweichende Feststellung des geringsten Gebots. Durch diese Abweichung werden die dem Gesamthypothekar im Range nachstehenden Beteiligten höchstens tatsächlich, nicht aber bei ihrer ohnehin eigenartigen, von der Ausübung des Wahlrechts des Gesamthypothekars abhängigen Rechtsstellung rechtlich benachteiligt. Rechtlich benachteiligt wird allein der Gesamthypothekar, der ja einen Teil der ihm zustehenden Sicherheit aufgibt. Das Versteigerungsgericht dürfte darum verbunden sein, gemäß § 59 dem Antrage des Gesamthypothekars auf die betreffende von den gesetzlichen Vorschriften abweichende Feststellung des geringsten Gebots Folge zu geben.

Es hat also der Gesamthypothekar an sich, außer dem Wege des § 1132 Abs. 2 BGB., noch das oben gedachte Mittel, eine Verteilung der Gesamthypothek gemäß § 59 herbeizuführen.

Die weitere Frage ist nun die, ob der Gesamthypothekar durch die Stellung des eben gedachten Antrags das Antragsrecht der Beteiligten des § 64 Abs. 1 ausschließt, ob also, wenn er die Feststellung des geringsten Gebots unter Verteilung der Gesamthypothek in anderer als der in § 64 Abs. 1 bestimmten Weise beantragt, der Verteilungsmodus des § 64 Abs. 1 ausgeschlossen ist.

Nun ist der Gedankengang des § 64 Abs. 1 ganz augenscheinlich der: Es soll ausnahmsweise das Übermaß der Sicherheit des Gesamthypothekars in billiger Rücksicht auf die nachstehenden Beteiligten durch Verteilung der Gesamthypothek verringert werden; aber, wenn dieser Prinzipienbruch einmal geschehen muß, so soll er doch in einer Weise geschehen, die die Interessen des Gesamthypothekars aller Voraussicht nach am besten wahrt.[1] Es ist daher in § 64 Abs. 1 ein Verteilungsmodus bestimmt, der allein auf die Interessen des Gesamthypothekars, nicht aber auf die nachfolgenden Beteiligten Rücksicht nimmt: ein Grundstück z. B., das dem Gesamthypothekar die größere Sicherheit bietet, ist bei der Verteilung mit einem größeren Teil

[1] Daß dieses Ziel in Wahrheit nicht immer durch Anwendung des gesetzlichen Verteilungsmodus des § 64 Abs. 1 erreicht wird, zeigen die Beispiele bei Schöller, a. a. O. S. 93 ff.

zu belasten, als ein anderes, das dem Gesamthypothekar weniger Sicherheit bietet, obwohl vielleicht jenes mehr als dieses mit Hypotheken im Range nach der Gesamthypothek und dem betreibenden Gläubiger belastet ist.

Man wird also sagen können: Der § 64 Abs. 1 fordert zu Gunsten der dort genannten Beteiligten eine Verteilung der Gesamthypothek, aber die Art der Verteilung soll lediglich in Rücksicht auf die Interessen des Gesamthypothekars stattfinden. Man wird darum zu dem Schlusse kommen können, daß ein anderer als der Gesamthypothekar einen Anspruch auf die Wahrung des Verteilungsmodus des § 64 Abs. 1 nicht hat. Der § 64 Abs. 1 verleiht den dort genannten Beteiligten zwar den Anspruch auf eine Verteilung der Gesamthypothek, nicht aber den Anspruch auf eine bestimmte Art der Verteilung.

Man wird vielleicht schließen dürfen: Wenn der Gesamthypothekar eine Verteilung der Gesamthypothek überhaupt gemäß § 59 beantragt, wenn auch eine andere als nach dem im § 64 Abs. 1 bestimmten Verteilungsmaßstab, so entfällt damit das in § 64 Abs. 1 gedachte Antragsrecht.[1]

Es besteht daher das freie Wahlrecht des Gesamthypothekars, dem allgemeinen Prinzip entsprechend, fort, nur daß ein Zwang zu einer Verteilung überhaupt aufgestellt ist, und es entscheidet darüber, wie die Gesamthypothek aufzuteilen ist, nicht die bloße Prävention des Gesamthypothekars oder der in § 64 Abs. 1 genannten Antragsberechtigten.

3. Das dritte Mittel des Gesamthypothekars, der nach § 64 Abs. 1 erfolgenden Einschränkung seines Rechts zu entgehen, ist die Ausübung des ihm im § 64 Abs. 2 verliehenen Antragsrechts. Er kann, jedoch nur unter der Voraussetzung, daß einer der in § 64 Abs. 1 genannten Antragsberechtigten von seinem Antrags-

---

[1] Zu einem andern Resultat gelangt man allerdings auf Grund der Enstehungsgeschichte des § 64. Vgl. bei Hahn u. Mugdan, Materialien, einerseits § 64 des E. II (S. 12), dessen Begründung in der Denkschrift (S. 50) und die Begründung der Ablehnung des Antrags 35[b] in den Kommissionsberichten (S. 120) und auf der anderen Seite die mit der Fassung des Gesetzes übereinstimmende Fassung des § 64 durch die Kommission (S. 12) und deren Begründung in den Kommissionsberichten (S. 123 ff.).

recht Gebrauch gemacht hat, bis zum Schlusse der Verhandlung im Versteigerungstermin beantragen, daß bei der Feststellung des geringsten Gebots je für das einzelne Grundstück nur die der Gesamthypothek im Range vorgehenden Rechte berücksichtigt werden. Stellt er diesen Antrag, so haben Doppelausgebote zu erfolgen: Ausgebot jedes Grundstücks nach Abs. 1 des § 64 und Ausgebot jedes Grundstücks nach Abs. 2 des § 64. Die Ausgebote nach Abs. 1 unterbleiben, weil überflüssig, wenn der Gesamthypothekar von vornherein erklärt, daß nur die Ausgebote nach Abs. 2 des § 64 für den Zuschlag maßgebend sein sollen, vergl. Abs. 2 S. 2 des § 64.

Sind Doppelausgebote jedes Grundstücks nach § 64 Abs. 1 und Abs. 2 erfolgt, so ist der Gesamthypothekar zur Erklärung darüber aufzufordern, welches Ausgebot für die Erteilung des Zuschlags maßgebend sein soll, dasjenige nach § 64 Ab. 1 oder dasjenige nach § 64 Abs. 2.

Erklärt er sich nicht, so ist für die Erteilung des Zuschlags nur das Ausgebot nach § 64 Abs. 1 maßgebend.

Entscheidet er sich dafür, daß für die Erteilung des Zuschlags die Ausgebote nach Abs. 2 maßgebend sein sollen, so ist nach § 83 Ziff. 3 der Zuschlag auf die Ausgebote dann zu versagen, wenn die Gesamthypothek und die Rechte der gleich- und nachstehenden Beteiligten, die dem betreibenden Gläubiger vorgehen, durch das Gesamtergebnis der Einzelgebote nicht gedeckt sind.

Infolge der Vorschrift des § 83 Ziff. 3 wird in der Regel die Entscheidung darüber, ob der Zuschlag für das eine mitversteigerte Grundstück erteilt oder versagt werden soll, von der Entscheidung abhängen, ob er für das oder die andern Grundstücke erteilt werden kann oder versagt werden muß. Das wird auch in der Beschwerdeinstanz hervortreten.[1]

Die Vorschrift des § 83 Ziff. 3 beabsichtigt die Wahrung des Deckungsprinzips: Wenn auch nach der Versteigerung gemäß § 64 Abs. 2 die Gesamthypothek und die in § 83 Ziff. 3 genannten Zwischenrechte nicht intakt bleiben können, so soll doch wenigstens

[1] Vgl. das Nähere in den Kommissionsberichte Nr. 41 (bei Hahn-Mugdan S. 126).

an ihre Stelle der entsprechende volle Geldbetrag aus dem Erlöse treten, ohne daß ein Ausfall einträte. Es sollen die Beteiligten, die, in der Meinung, mit ihren Rechten im geringsten Gebot zu stehen, durch Mitbieten u. dergl. ihre Rechte zu wahren gar nicht unternommen haben und vielleicht gar nicht im Versteigerungstermin anwesend waren, wenigstens das volle Surrogat ihrer Rechte erhalten.

Die Durchführung dieses Gesetzesgedankens erfordert bisweilen eine Beschränkung des Wahlrechts des Gesamthypothekars. Das wird am deutlichsten ein Beispiel zeigen:

Nehmen wir an, die Versteigerung der Grundstücke I und II wird von C. wegen einer durch Gesamthypothek auf beiden Grundstücken gesicherten Forderung von 7000 ℳ in einem Verfahren betrieben; die Grundstücke I und II sind folgendermaßen belastet:

Grundstück I.	Grundstück II.
1. 10000 ℳ Gesamthypothek für A. (mitbelastet II).	1. 10000 ℳ Gesamthypotkek für A. (mitbelastet I).
2. 8000 ℳ Hypothek für B.	2. 7000 ℳ Gesamthypothek für C. (mitbelastet I).
3. 7000 ℳ Gesamthypothek des C. (mitbelastet II).	3. 6000 ℳ Hypothek, gleichfalls für A.

C. hat im Versteigerungstermin den Antrag nach Abs. 1 des § 64, A. hierauf den Antrag nach § 64 Abs. 2 gestellt und sich dafür entschieden, daß das Ausgebot der Grundstücke I und II nach Abs. 2 des § 64 für den Zuschlag maßgebend sein soll. Der Zuschlag ist erfolgt auf ein Gebot in Höhe von 12000 ℳ auf I und in Höhe von 17000 ℳ auf II. Würden nun die Erlöse im Versteigerungstermine für beide Grundstücke bezahlt und könnte A. sein ihm nach § 1132 Abs. BGB. in Verbindung mit § 122 zustehendes Recht unbeschränkt ausüben, so würde er, um auf seine Hypothek von 6000 ℳ an dritter Stelle auf Grundstück II möglichst viel herauszuschlagen, den vollen Betrag von 10000 ℳ für seine Gesamthypothek an erster Stelle aus dem Erlöse von I verlangen. Es würden dann aus dem Erlöse von I für B nur 2000 ℳ übrig bleiben und B. einen Ausfall mit 6000 ℳ erleiden.

Wollte man die Ausübung des Wahlrechts des Gesamthypothekars in dieser freien Weise zulassen, so würde man gerade das Deckungsprinzip, das der § 83 Ziff. 3 gewahrt wissen will, verletzen. Man wird darum das Wahlrecht des Gesamthypothekars einschränken müssen und darf es ihm nur hinsichtlich der Beträge gewähren, die nach Abzug der auf jeden Fall aus dem Einzelerlöse zu deckenden Beträge der Zwischenberechtigten übrig bleiben, also hier bei I hinsichtlich des Betrags von 12000 *M* (Erlös) — 8000 *M* (Hypothek für B.) = 4000 *M* und nur bei II, da hier andere Rechte nicht zu berücksichtigen sind, hinsichtlich des vollen Erlöses von 17000 *M*.

Aus dem gleichen Grunde ergeben sich derartige Einschränkungen in der Anwendung der später zu besprechenden §§ 122. 123. Es bleibt insbesondere in dem Falle des § 122 Abs. 2 also dann, wenn die Ersteher im Verteilungstermine ihre Gebote nicht berichtigen und infolgedessen Übertragungen der Forderung gegen sie auf die Beteiligten stattfinden, zu bedenken, daß durch unmittelbare und nicht bloß eventuelle (123) Übertragung auf jeden Fall zunächst die an sich ins geringste Gebot fallenden Berechtigten (in obigem Beispiel B.) zu decken sind, ehe der Gesamthypothekar in dem in § 122 Abs. 2 bestimmten erweiterten Maße zu decken ist.

§ 9.

II. Es werden die mehreren mit der Gesamthypothek belasteten Grundstücke im Gesamtausgebote ausgeboten und zugeschlagen.

I. Sind die in demselben Verfahren zu versteigernden Grundstücke sämtlich mit derselben Gesamthypothek belastet, so ist es für die Bildung des geringsten Gebots beim Gesamtausgebot der sämtlichen Grundstücke gemäß § 63 Abs. 2 ohne Unterschied, ob die Gesamthypothek nur auf den zu versteigernden Grundstücken lastet oder ob sie außerdem noch auf einem oder mehreren andern Grundstücken lastet, die von dem gleichen Versteigerungsverfahren nicht ergriffen werden: es ist auf jeden Fall die Gesamthypothek, die dem Rechte des „Gläubigers“ vorgeht, ihrem vollen Betrage nach in das geringste Gebot aufzunehmen.

II. Bei der Verteilung des Versteigerungserlöses ist es dagegen für den Vollstreckungsrichter von wesentlicher Bedeutung, ob die Gesamthypothek noch andere, nicht von demselben Versteigerungsverfahren erfaßte und demgemäß im Gesamtausgebote nicht inbegriffene Grundstücke belastet oder nicht.

a) Ist der Zuschlag auf Gesamtausgebot hin erfolgt, so ist der Gesamthypothekar bei der Verteilung des Versteigerungserlöses für seine Zinsen- und Kostenforderung, wenn die Bildung der Spezialerlösmassen der einzelnen zugeschlagenen Grundstücke nach § 112 sich erforderlich macht, nach § 112 und eventuell nach § 122. 123 zu befriedigen.

b) Belastet die Gesamthypothek andere als die auf Gesamtausgebot hin zugeschlagenen Grundstücke nicht, so liegt der Tatbestand der §§ 50. 125 nicht vor. Eine Bereicherung, die die Zuzahlungspflicht des § 50 Abs. 2 Ziff. 2 zur Entstehung bringen könnte, kann alsdann nicht eintreten. Es entfällt demnach bei der Verteilung die Anwendung des § 125.

c) Anders verhält es sich im entgegengesetzten Falle, daß außer den von demselben Versteigerungsverfahren umfaßten Grundstücken noch ein oder mehrere andere von dem Versteigerungsverfahren nicht erfaßte Grundstücke mit der bei der Feststellung des geringsten Gebots berücksichtigten Gesamthypothek belastet sind. Hier liegt die Möglichkeit einer Bereicherung des Erstehers in der in § 50 Abs. 2 Ziff. 2 vorausgesetzten Weise und demnach die Voraussetzung des § 50 vor.

Die Möglichkeit für den Ersteher, zur Auszahlung der Gesamthypothek noch herangezogen zu werden, erlischt hier erst dann, wenn die Gesamthypothek an den sämtlichen versteigerten Grundstücken erloschen ist. Demgemäß steht erst dann die in § 50 vorausgesetzte Bereicherung fest, und demgemäß ist erst dann die Zuzahlungspflicht des Erstehers unbedingt eingetreten, wenn die Gesamthypothek wenigstens zu einem Teil ihres Gesamtbetrages auf allen versteigerten Grundstücken nach den besonderen Vorschriften über die Gesamthypothek erloschen ist.

Die Übertragung der zur Zeit der Verteilung noch nicht bedingungslos existenten Forderung auf die Zuzahlung an die Berechtigten gemäß § 125 Abs. 2 hat daher unter der Bedingung zu erfolgen, daß die Gesamthypothek an den sämtlichen versteigerten Grundstücken nach den besonderen Vorschriften über die Gesamthypothek erloschen ist.

III. Ohne besondere prinzipielle Schwierigkeiten ist der Fall, daß die Gesamthypothek nur eines oder einzelne der auf Gesamtausgebot ausgebotenen Grundstücke belastet, andere der gleichfalls mit ausgebotenen dagegen nicht belastet. Auch hier ist für das Verteilungsgeschäft der Unterschied wesentlich, ob die Gesamthypothek noch andere, nicht von der Versteigerung ergriffene Grundstücke belastet oder nicht.

§ 10.

III. Von den mehreren von demselben Versteigerungsverfahren ergriffenen Grundstücken wird ein Teil im Einzelausgebot, ein Teil im Gruppenausgebot, oder es werden alle diese Grundstücke in Gruppenausgeboten ausgeboten und zugeschlagen.

Die Behandlung der Gesamthypothek bietet im Falle des Gruppenausgebots (§ 63 Abs. 2) grundsätzliche Schwierigkeiten nicht, so überaus groß die technischen Schwierigkeiten im konkreten Falle gerade hier oftmals sein mögen.

Es ist bei der Feststellung des geringsten Gebots und bei der Verteilung des Versteigerungserlöses, insbesondere was die Berücksichtigung der Zuzahlungspflicht anlangt, in der Regel so zu verfahren, als wenn die einzelne Gruppe ein Einzelgrundstück für sich wäre.

Dem § 64 Abs. 1, der nach seinem Wortlaute nur für das Einzelausgebot der mehreren mit der Gesamthypothek belasteten und vom selben Versteigerungsverfahren umfassten Grundstücke zutrifft, dürfte, da die ratio des § 64 auch für den Fall der gruppenweisen Versteigerung der mehreren mit der Gesamthypothek belasteten und im selben Versteigerungsverfahren umfaßten Grundstücke zutrifft, eine analoge Anwendung nicht zu versagen sein. Es dürfte dann für die Verteilung gemäß § 64 Abs. 1 so zu verfahren sein, als ob jede einzelne Gruppe je ein Grundstück für sich wäre. Es dürfte also jeder Gruppe und nicht — was ja für den Gesamthypothekar bedeutend ungünstiger wäre — jedem Grundstück bei der Verteilung ein bestimmter Betrag der Gesamthypothek zuzuteilen sein, in dessen Höhe je die Einzelgrundstücke jeder Gruppe untereinander gesamthypothekarisch belastet bleiben würden.

Dritter Teil.

Die Gesamthypothek bleibt nach den Versteigerungsbedingungen nicht bestehen; Versteigerung eines einzelnen der mit ihr belasteten Grundstücke.

§ 11.

Vorbemerkung.

Dem Gesamthypothekar steht es nach § 1132 Abs. 1 S. 2 BGB. frei, die Versteigerung nur eines einzelnen der mit der Gesamthypothek belasteten Grundstücke zu betreiben, ohne daß den damit in ihrer Lage unter Umständen gefährdeten Nachhypothekaren oder dem Eigentümer des zur Versteigerung gelangenden Grundstücks wirksame Gegenbefugnisse gegeben wären.[1]

Gemäß § 44 ist die Gesamthypothek alsdann nicht ins geringste Gebot aufzunehmen. Es erlischt daher — abgesehen vom Ausnahmefall des § 91 Abs. 2 — mit dem Zuschlag die Zweighypothek am versteigerten Grundstück. An ihre Stelle tritt der Anspruch auf Ersatz ihres Betrages aus dem Versteigerungserlöse, §§ 52 Abs. 1, 91 Abs. 1.

Das Gleiche gilt dann, wenn der Inhaber eines der Gesamthypothek im Range vorgehenden oder im Range gleichen Rechts betreibender oder bei Vorhandensein der Voraussetzungen des § 44 Abs. 2 beigetretener Gläubiger ist.

---

[1] Die Nachhypothekare haben allein das Eintrittsrecht des § 1150 BGB. Anders z. B. das hessische Pfandgesetz. Nach diesem können in solchem Falle der „Schuldner" und die Nachhypothekare des vom Gläubiger ausgewählten Grundstücks den Verkauf der gesamten Unterpfänder verlangen. Vgl. Best. Grundbuch- u. Hyp.-Recht S. 55 ff. Eine derartige Bestimmung würde, falls das Wahlrecht des Gesamthypothekars im übrigen unbeschränkt bleibt, nichts helfen.

§ 12.
Das Verteilungsgeschäft in diesem Falle.

I. Bei Aufstellung des Verteilungsplans ist die Gesamthypothek unter die Passiven ihrem vollen Umfange nach aufzunehmen. Berichtigt der Ersteher im Verteilungstermin sein Baargebot, so ist, soweit das möglich, der Gesamthypothekar voll zu befriedigen.

Die Wirkung der Befriedigung auf die Belastung der nicht im Versteigerungsverfahren befangenen Grundstücke, an denen die Gesamthypothek gleichfalls bestand, ergibt sich aus den §§ 1181 Abs. 1 und 1182 BGB.

II. Zahlt der Ersteher den für die Gesamthypothek entfallenden Betrag des Erlöses im Verteilungstermine nicht, so ist zur Befriedigung wegen dieses Betrages die Forderung des Subhastaten gegen den Ersteher gemäß § 118 Abs. 1 auf den Gesamthypothekar zu übertragen und zur Sicherung dieser übertragenen Forderung Sicherungshypothek am versteigerten Grundstück gemäß §§ 128, 130 im Grundbuche einzutragen.

Diese Sicherungshypothek steht nicht mit den an den nicht versteigerten, mitbelasteten Grundstücken fortbestehenden Zweighypotheken der Gesamthypothek gleichfalls in gesamthypothekarischem Verhältnis; die gemäß § 130 eingetragene Sicherungshypothek und diese Zweighypotheken der Gesamthypothek sind nicht zusammen Zweighypotheken einer und derselben Gesamthypothek — aus folgenden Gründen: Erstens müssen Zweighypotheken einer Gesamthypothek unbedingt und unmittelbar zur Sicherung einer und derselben Forderung dienen[1]; diese Einheitlichkeit der Forderung fehlt hier; denn es dient die gemäß § 130 eingetragene Sicherungshypothek zur Sicherung nicht der Urforderung, sondern zur Sicherung einer gang anderen Forderung, nämlich der Forderung gegen den Ersteher auf Zahlung des Erlöses. Zweitens sind die Zweighypotheken einer Gesamthypothek notwendig von der gleichen Hypothekenart; dementgegen kann die gemäß § 130 eingetragene Sicherungshypothek ganz anderer

[1] Vgl. Planck, Bürgerl. Gesetzbuch nebst Einführungsgesetz, 1902, Bem. 1^b zu § 1132 u. Bem. 4 Abs. 2 zu § 1132; vgl. auch Entscheidungen in Angelegenh. d. freiw. Gerichtsbarkeit u. s. w. Zusammengestellt vom Reichs-Justizamt, 2 Bd., Berlin 1901, S. 94 ff.

Art als die ursprüngliche Gesamthypothek sein; während sie immer Sicherungshypothek sein muß (§ 128), kann diese ja Brief- oder vielleicht Buchhypothek sein.[1]

Das Verhältnis der auf den nicht versteigerten Grundstücken forthaftenden Gesamthypothek und der auf dem versteigerten neu eingetragenen Sicherungshypothek ähnelt in gewisser Weise dem Verhältnis der Hypothek, die für eine Hauptschuld besteht, zu derjenigen, die für die Bürgschaftsschuld dazu bestellt ist. Beide Hypotheken haben ebenfalls ein Sicherungsziel, aber beide sind nicht zusammen eine Gesamthypothek.

III. § 118 Abs. 2 bestimmt, daß die Übertragung der Forderung gegen den Ersteher wie die Befriedigung aus dem Grundstücke wirkt, daß diese Wirkung jedoch im (normalen) Falle des Abs. 1 S. 1 des § 118 nicht eintritt, wenn vor dem Ablauf von 3 Monaten der Berechtigte dem Gericht gegenüber den Verzicht auf die Rechte aus der Übertragung erklärt oder die Zwangsversteigerung beantragt hat.

Die früher umstrittene Auslegungsfrage des § 118 Abs. 2, ob diese Befriedigungswirkung bereits mit der Verkündung der Forderungsübertragung im Verteilungstermin eintritt, oder ob sie erst nach Ablauf der 3 Monate eintritt, sofern nicht bis dahin die Zwangsversteigerung beantragt oder aber der Verzicht erklärt wurde, wird heute wohl ausschließlich mit Recht im letzteren Sinne beantwortet.[2]

Es erlischt also nicht sofort mit der Übertragung der Forderung gegen den Ersteher auf den Gesamthypothekar die Gesamthypothek an den nicht versteigerten mitbelasteten Grundstücken, ebensowenig die persönliche Haftung des Schuldners; es kann vielmehr der Gesamthypothekar innerhalb der 3 Monate des § 118 Abs. 2, ohne den definitiven Verzicht auf die Rechte aus

---

[1] Es ist daher auch bei Eintragung der Sicherungshypothek im Grundbuch der alte Mitbelastungsvermerk zu löschen und ein neuer gemäß § 49 Abs. 2 der Grundbuchordnung nicht vorzunehmen.

[2] Fischer u. Schäfer, a. a. O. S. 418, 419 (Bem. 3 zu a zum § 118); Freund, Die Zwangsvollstreckung in Grundstücke, Breslau 1901, S. 181; Jäckel, a. a. O. S. 406 (Bem. 5 zum § 118); Reinhard, a. a. O. Bd. II (S. 69 (Bem. III 2 zum § 118); Wolff, a. a. O. S. 261 (Bem. 6 zum § 118).

der Übertragung sofort zu erklären, und ohne den mit Kosten für ihn verbundenen Antrag auf erneute Zwangsversteigerung des bereits einmal versteigerten Grundstücks gemäß § 118 Abs. 2 zu stellen, doch zunächst die Hypothek an den nicht versteigerten mitbelasteten Grundstücken oder den persönlichen Anspruch gegen den Schuldner geltend machen und zunächst auf diesem Wege versuchen, Befriedigung zu erlangen.

Erst mit dem Ablaufe der drei Monate seit der Übertragung der Forderung gegen den Ersteher auf den Gesamthypothekar tritt, sofern nicht der Verzicht oder Antrag auf Zwangsversteigerung gemäß § 118 Abs. 2 erklärt wurde, hinsichtlich der Hypothek an den nicht versteigerten Grundstücken wie hinsichtlich der persönlichen Haftung des Schuldners, sowie auch, was besonders bemerkt werde, hinsichtlich der Rechte des Subhastaten selbst die Behandlung ein, als sei der Gesamthypothekar aus dem versteigerten Grundstück baar befriedigt; insbesondere werden die Regreßrechte des § 1182 existent.

IV. Wie sich aus den Ausführungen unter III ergibt, besteht sowohl vor Ablauf der drei Monate des § 118 Abs. 2, wie nach Ablauf derselben, falls nur der Gesamthypothekar den dem § 118 Abs. 2 entsprechenden Antrag auf erneute Zwangsversteigerung gestellt hat, die Möglichkeit seiner Befriedigung auch aus den mithaftenden nicht zugeschlagenen Grundstücken im Wege der Zwangsversteigerung oder Zwangsverwaltung. Mit Rücksicht hierauf bestimmt § 123: es soll durch den Teilungsplan eine Eventualverteilung des dem Gesamthypothekar zugeteilten Betrages, eine Eventualübertragung der ihm übertragenen Forderung gegen den Ersteher vorgenommen werden, die für den Fall wirksam wird, daß das Recht des Gesamthypothekars auf Befriedigung aus diesem ihm zugeteilten Betrage nach Maßgabe der besonderen Vorschriften über die Gesamthypothek erlischt, für den Fall also, daß nach den besonderen Vorschriften über die Gesamthypothek die Zweighypothek am versteigerten Grundstücke erlöschen würde, angenommen, daß sie selbst noch vorhanden und nicht schon durch den Zuschlag erloschen wäre.

V. Ist dem § 123 entsprechend die Forderung gegen den Ersteher in erster Linie dem Gesamthypothekar, in zweiter unter der im § 123 Abs. 1 gedachten Bedingung andern Beteiligten übertragen worden und sind dementsprechend Sicherungshypotheken für den Gesamthypothekar und die Eventualberechtigten im Grundbuche eingetragen worden, so wird die Beantwortung der Frage, ob die Bedingung der Eventualübertragung eingetreten ist oder nicht, oft nicht viel Schwierigkeiten machen.

Es kann hierüber im allgemeinen auf die Darstellung in § 3 verwiesen werden.

Nur einige Beispiele mögen hier zur Erläuterung angeführt werden:

Nehmen wir an, eine Gesamthypothek habe auf den Grundstücken A und B gelastet. Das Grundstück A ist unversteigert geblieben, das Grundstück B ist dagegen versteigert worden; die Gesamthypothek war bei dieser Versteigerung ins geringste Gebot nicht aufzunehmen. Im Verteilungstermin ist, da der Ersteher sein Bargebot nicht berichtigte, dem Gesamthypothekar der entsprechende Betrag der Forderung gegen den Ersteher zum Zwecke seiner Befriedigung gemäß § 118 Abs. 1 übertragen worden. Wenn nun der Gesamthypothekar von dem nicht regreßberechtigten Eigentümer des nichtversteigerten Grundstücks A befriedigt wird, so würde die Zweighypothek am versteigerten Grundstück, angenommen, dass sie durch den Zuschlag nicht erloschen, sondern noch existent wäre, gemäß § 1173 Abs. 1 S. 1 BGB. erloschen sein, und zwar wäre sie erloschen nach den besonderen Vorschriften über die Gesamthypothek, da ja, wenn die Zweighypothek am Grundstück B eine einfache Hypothek gewesen wäre, sie nach § 1163 BGB. nicht erloschen, sondern Eigentümerhypothek geworden wäre. Es wäre sonach das Recht des Gesamthypothekars auf Befriedigung aus der ihm übertragenen Forderung gegen den Ersteher des Grundstücks B und der zugehörigen Sicherungshypothek ebenfalls nach Maßgabe der besonderen Vorschriften über die Gesamthypothek erloschen und somit die Bedingung der Eventualberechtigung eingetreten.

Wird unter der gleichen Voraussetzung, daß der Eigentümer des Grundstücks A nicht regreßberechtigt ist, der Gesamthypothekar aus dem Grundstück A durch Zwangsverwaltung oder Zwangsversteigerung befriedigt, so erlischt sein Recht auf Befriedigung aus dem Betrage, der ihm aus dem Erlöse des Grundstücks B zugeteilt wurde, gleichfalls nach Analogie der besonderen Vorschriften über die Gesamthypothek: vergl. § 1181 Abs. 2 BGB. im Gegensatz zu § 1164.

Schwieriger ist die Frage, ob die Bedingung der Eventualübertragung eingetreten ist oder nicht, in folgendem Falle zu beantworten: Der Gesamthypothekar, dem, wie im obigen Beispiel, ein bestimmter Betrag der Forderung gegen den Ersteher des Grundstücks B im Verteilungstermin übertragen worden ist, wird von dem Eigentümer des Grundstücks A, der nicht der persönliche Schuldner der durch die Gesamthypothek gesicherten Forderung und demgegenüber der Subhastat des Grundstücks B zur Befriedigung des Gesamthypothekars verpflichtet ist, befriedigt. Wenn die Zweighypothek am Grundstück B noch bestände, so würde sie mit dieser Befriedigung nicht nach den besonderen Vorschriften über die Gesamthypothek erlöschen, sondern es würde mit der Forderung die Zweighypothek auf den Eigentümer des Grundstücks A gemäß § 1173 Abs. 2, 1143 BGB. übergehen. Es ist also in diesem Falle die Bedingung des Eventualübertrags nicht eingetreten und es könnten die Eventualberechtigten auf Grund der Befriedigung des Gesamthypothekars Ansprüche nicht erheben. Der dem Gesamthypothekar zugeteilte Betrag der Forderung gegen den Ersteher dürfte mit der Forderung auf den Eigentümer des Grundstücks A übergehen; §§ 401, 412 BGB.

Wird der Gesamthypothekar von dem persönlichen Schuldner der durch die Gesamthypothek gesicherten Forderung befriedigt, der gegen den Subhastaten des Grundstücks B regreßberechtigt ist (§ 1174 Abs. 1 BGB.), so würde, wenn die Zweighypothek am Grundstücke B noch bestände, diese auf den persönlichen Schuldner übergehen. Andererseits läßt sich ein Übergang der Befriedigungsrechte des Gesamthypothekars (der ihm übertragenen Forderung gegen den Ersteher samt Sicherungshypothek) auf den persönlichen Schuldner nicht begründen. Das Recht des Gesamthypothekars auf Befriedigung aus dem zugeteilten Betrage des Erlöses des Grundstücks B würde also hier zwar erlöschen, auf einen andern an sich nicht übergehen, aber es würde nicht, wie § 123 fordert, „nach Maßgabe der besonderen Vorschriften über die Gesamthypothek" erlöschen. Man dürfte hier, wenn auch die Bedingung der Eventualübertragung nicht eingetreten ist, wie in andern Fällen, trotzdem anzunehmen haben, daß die Eventualberechtigten ihre Ansprüche gegen den Ersteher nunmehr geltend machen können.

VI. Die Bedingung der gemäß § 123 Abs. 1 erfolgten Eventualübertragung der Forderung gegen den Ersteher kann sich dann nicht mehr verwirklichen, wenn seit der Übertragung der Forderung gegen den Ersteher auf den Gesamthypothekar drei Monate verflossen sind, ohne daß der Gesamthypothekar Antrag auf Zwangsversteigerung gestellt oder auf sein Recht aus der Übertragung gemäß § 118 Abs. 2 verzichtet hat: denn gemäß § 118 Abs. 2 S. 1 sind alsdann mit dem Ablauf der drei Monate die Haftung des persönlichen Schuldners und die Mithaft der mit der Gesamthypothek noch belasteten Gründstücke erloschen. Der Ersteher kann alsdann den Anspruch auf Löschungsbewilligung hinsichtlich der für die Eventualberechtigten eingetragenen Sicherungshypotheken gegen diese Eventualberechtigten geltend machen.

§ 13.
Die Grundbuchsberichtigung und die Behandlung des Hypothekenbriefs.

1. Das Ersuchen ans Grundbuchamt.

Nach Ausführung des Teilungsplans und nach Eintritt der Rechtskraft des Zuschlagsbeschlusses hat nach § 130 das Vollstreckungsgericht das Grundbuchamt um Eintragung der Sicherungshypotheken für die (übertragene) Forderung gegen den Ersteher, sowie um Löschung der durch den Zuschlag erloschenen Rechte zu ersuchen.

Wenn, wie in diesem Teil der Abhandlung allenthalben vorausgesetzt wird, nur eines der von der Gesamthypothek belasteten Grundstücke versteigert wurde, das oder die andern mitbelasteten Grundstücke dagegen von der Versteigerung nicht umfaßt waren, so hat das Vollstreckungsgericht sein Ersuchen ans Grundbuchamt einzig und allein auf die Berichtigung der Einträge des Grundbuchsblattes des versteigerten Grundstücks zu richten: nur dieses unterliegt seiner Herrschaft. Selbst wenn das Erlöschen der Gesamthypothek an den nicht versteigerten Grundstücken gemäß § 1181 Abs. 2 BGB. oder der Übergang derselben auf den ersatz berechtigten Subhastaten, welcher Übergang gemäß § 1182 BGB. durch die Befriedigung des Gesamthypothekars im Verteilungsverfahren eingetreten sein kann, durch die Erklärung der Beteiligten für das Vollstreckungsgericht zweifellos feststehen mag, so kann doch das Vollstreckungsgericht sein Ersuchen ans Grundbuchamt auf die entsprechenden Einträge auf den Grundbuchblättern der nicht versteigerten Grundstücke nicht ausdehnen. Der § 130 insbesondere widerspricht diesem Satze nicht; er ermächtigt das Vollstreckungsgericht nur, sein Ersuchen auf die durch den Zuschlag erloschenen Rechte zu richten; das gemäß § 1181 Abs. 2 eintretende Erlöschen tritt aber erst mit der Befriedigung aus dem Versteigerungserlöse ein.

Sollte das Vollstreckungsgericht dennoch das Grundbuchamt um Eintragung der Rechtsänderung an den nicht versteigerten Grundstücken ersuchen, so würde das Grundbuchamt das dahingehende Ersuchen zurückzuweisen haben, da das Ersuchen des Vollstreckungsgerichts nicht innerhalb der Grenzen seiner Befugnisse ergangen ist, vergl. § 39 GBO.

Es bleibt dem Parteibetriebe der Eigentümer der nicht versteigerten, mit der Gesamthypothek mitbelasteten Grundstücke oder dem Subhastaten überlassen, eine Berichtigung des Grundbuchs in Rücksicht auf die gemäß § 1181 Abs. 2 BGB. oder § 1182 BGB. eintretenden Rechtsänderungen an den nicht versteigerten Grundstücken beim Grundbuchamt, also außerhalb des Vollstreckungsverfahrens, zu veranlassen.[1]

Nur insoweit wird das Grundbuchamt von Amts wegen hinsichtlich der nicht versteigerten mitbelasteten Grundstücke tätig,

[1] Ebenso Turnau-Förster, Liegenschaftsrecht. 2. Aufl. 1902. Bd. 1 Bem. II zu § 1182 (S. 800 ff.) und die Kommentare zum Zwangsverst.-Ges. zu § 130. Andrer Meinung: Wolff, a. a. O. § 130 Bem. 12. Wolff hält im Falle der Befriedigung des Gesamthypothekars in der Zwangsversteigerung des einen Grundstücks einen Antrag des Eigentümers des mitbelasteten andern Grundstücks für überflüssig und verlangt Berichtigung des Grundbuchs von Amts wegen. Er stützt sich für seine Ansicht auf § 49 Abs. 2 der Grundbuchordnung. § 49 Abs. 2 spricht jedoch nicht von einer Löschung des Gesamthypothekeneintrags selbst, sondern nur von einer Löschung des Mitbelastungsvermerks.

als es den Vermerk über die Mitbelastung des versteigerten Grundstücks auf den Blättern der nicht versteigerten Grundstücke zu löschen hat, § 49 Abs. 2 GBO. Ein hierauf bezügliches Ersuchen des Vollstreckungsgerichts ist unnötig, weil überflüssig.

Wird das Bestehenbleiben der Gesamthypothek am versteigerten Grundstück gemäß § 91 Abs. 2 zwischen dem Ersteher und dem Gesamthypothekar vereinbart, so ist zu einer Berichtigung des Grundbuchs von Amts wegen, was die Gesamthypothek anlangt, überhaupt kein Anlaß: Das Recht am versteigerten Grundstück gilt zufolge der Vereinbarung gemäß § 91 Abs. 2 nicht als durch den Zuschlag erloschen, ein Löschungsersuchen gemäß § 130 ist also insoweit undenkbar; um die gemäß § 91 Abs. 2 S. 2 durch die Befriedigungswirkung der Vereinbarung eingetretene Rechtsänderung an den nicht versteigerten Grundstücken (§ 1181 Abs. 2, 1182 BGB.) hat sich von Amts wegen nach den obigen Ausführungen weder das Vollstreckungsgericht noch das Grundbuchamt zu sorgen. Nur die Mitbelastungsvermerke, die die Mitbelastung des versteigerten Grundstücks betreffen, dürften nach BGO. § 49 Abs. 2 in diesem Falle zu rektifizieren sein, da die Mitbelastung, d. i. die gemeinsame Belastung des versteigerten Grundstücks und des oder der nicht versteigerten Grundstücke, erloschen ist und eine Einzelbelastung des versteigerten Grundstücks eingetreten ist. A. M. Jäckel S. 319 Bem. 7 zu 3 zum § 91.

2. Die Behandlung des Hypothekenbriefs.

Wird dem Vollstreckungsgericht auf seine Aufforderung (§ 127 Abs. 1 S. 3) oder ohne solche der Brief über eine Gesamthypothek vorgelegt, die am versteigerten Grundstück durch den Zuschlag erloschen ist, so hat das Vollstreckungsgericht, falls der Gesamthypothekar Deckung bei der Verteilung des Erlöses auch nicht zum Teil erhielt, keinen Zweifel darüber übrig, daß „infolge der Versteigerung“ (§ 127 Abs. 1) die Gesamthypothek nur zum Teil durch den Zuschlag erloschen ist, zum andern Teil dagegen (nämlich an den nicht versteigerten Grundstücken) noch fortbesteht oder wenigstens nicht in diesem Versteigerungsverfahren erloschen ist. Das Vollstreckungsgericht hat daher keinesfalls gemäß § 127 Abs. 1 S. 1 den ganzen Gesamthypothekenbrief zu vernichten, sondern es hat lediglich, wenn es sich um einen gemäß § 59 Abs. 1 GBO. ausgestellten Hypothekenbrief handelt, diesen mit dem Vermerke zu versehen, daß die Gesamthypothek soweit erloschen ist, als sie das versteigerte Grundstück belastete, wenn es sich dagegen um einen nach GBO. § 59 Abs. 2 ausgestellten Hypothekenbrief handelt, den für das versteigerte Grundstück bestehenden besonderen Brief unbrauchbar zu machen. § 127 Abs. 1 S. 1. 2.

Auf genau die gleichen Maßnahmen hat sich das Vollstreckungsgericht dann zu beschränken, wenn der Gesamthypothekar volle oder teilweise Befriedigung aus dem Versteigerungserlös gefunden hat, und zwar aus folgenden Gründen:

Wie bei der Abfassung des Ersuchens, so wird man auch bei der Vernichtung oder Entwertung des Hypothekenbriefs gemäß §§ 127 dem Vollstreckungsgericht nicht die Aufgabe auferlegen können, in eine Prüfung der Frage einzutreten, welche Rechtsänderungen durch die im Zwangsversteigerungsverfahren erfolgte volle oder teilweise Befriedigung des Gesamthypothekars gemäß §§ 1181 Abs. 2, 1182 BGB. an den mitbelasteten nicht versteigerten Grundstücken eingetreten sind; eine solche Prüfung wäre die Ausübung einer grundbücherlichen Tätigkeit, die mit der reinen Vollstreckungstätigkeit in dem erforderlichen engen Zusammenhang nicht mehr steht. Man kann daher den doppeldeutigen Worten des § 127 Abs. 1 „über eine infolge der Versteigerung erloschene Hypothek", sie einschränkend auslegend, nur den Sinn „über eine infolge des Zuschlags erloschene Hypothek" geben und dadurch die Parallele mit § 130 herstellen: Das Vollstreckungsgericht wird sich bei seiner Tätigkeit also nur mit den Rechtsverhältnissen am versteigerten Grundstücke befassen und nur diejenige Behandlung des Hypothekenbriefs eintreten lassen, welche die Änderung dieser Rechtsverhältnisse durch den Zuschlag verlangt.

Hieraus ergibt sich:

a) Auch im Falle voller Barauszahlung des Gesamthypothekars im Verteilungstermin hat der Vollstreckungsrichter den ihm vorgelegten Hypothekenbrief nicht gemäß § 127 Abs. 1 S. 1 ganz zu vernichten; er hat vielmehr den Gesamthypothekenbrief nur mit dem Vermerk, daß die Gesamthypothek am versteigerten

Grundstück erloschen sei[1], dem Gesamthypothekar auszuhändigen, wenn dieser auch keinesfalls, mag nun die Gesamthypothek an den nicht versteigerten Grundstücken erloschen, § 1181 Abs. 2 BGB., oder auf einen andern gemäß § 1182 übergegangen sein, mehr Inhaber der Gesamthypothek ist.

Wolff, Bem. 3d zu § 127 will in diesem Falle die Unbrauchbarmachung des Gesamthypothekenbriefs dann zulassen, wenn der Subhastat dieser Unbrauchbarmachung zustimmt; denn dann stehe zufolge §§ 1181 Abs. 2, 1182 BGB. fest, daß die Gesamthypothek erloschen und nicht auf den Subhastaten übergegangen ist. Dem dürfte jedoch nicht beizutreten sein; nach den obigen Ausführungen würde der Vollstreckungsrichter mit der Vernichtung des Hypothekenbriefs in diesem Falle seine Zuständigkeit überschreiten; außerdem ist zu bedenken, daß im Falle solcher Vernichtung Schwierigkeiten bei der Löschung der Gesamthypothek an den nicht versteigerten mitbelasteten Grundstücken eintreten, da hierzu nach §§ 42. 62 Abs. 1 GBO. die Vorlegung des Gesamthypothekenbriefs erforderlich ist.

b) Falls der Gesamthypothekar mit dem Ersteher Bestehenbleiben seines Rechts am versteigerten Grundstücke vereinbart, hat der Vollstreckungsrichter eine Veränderung am Gesamthypothekenbriefe überhaupt nicht vorzunehmen: soweit der Gesamthypothekenbrief das versteigerte Grundstück betrifft, deshalb nicht, weil ja das Recht als nicht erloschen gilt, § 91 Abs. 2, soweit er aber die nicht versteigerten Grundstücke betrifft, deshalb nicht, weil um die an diesen gemäß § 91 Abs. 2; §§ 1181 Abs. 2, 1182 BGB. eingetretenen Rechtsänderungen der Vollstreckungsrichter sich nicht zu kümmern hat. Zu einer Vermerkung des Aufhörens der „Mitbelastung" fehlt es zwar an einer ausdrücklichen gesetzlichen Ermächtigung (ebenso Jäckel S. 319, Bem. 7 zum § 91); eine Vermerkung der Vereinbarung ist aber nicht unstatthaft und nicht unangebracht.

Diejenigen, welche den Gesamthypothekenbrief zur Berichtigung des Grundbuchs wünschen oder benötigen, z. B. der Subhastat zur Umschreibung der für ihn an einem nicht versteigerten Grundstücke gemäß § 1182 entstandenen Ersatzhypothek auf seinen

[1] bezw., wenn ein nach § 59 Abs. 2 ausgestellter Gesamthypothekenbrief vorgelegt wird, nach Vernichtung nur des das versteigerte Grundstück betreffenden Einzelbriefs (Teilbriefs).

Namen, oder der Eigentümer des mitbelasteten nicht versteigerten Grundstücks zur Löschung der gemäß § 1181 Abs. 2 erloschenen Hypothek, müssen ihre Ansprüche auf Berichtigung des Grundbuchs, sowie auf Herausgabe oder Vorlegung des Hypothekenbriefs ans Grundbuchamt gegenüber dem Gesamthypothekar selbsttätig außerhalb des Versteigerungsverfahrens geltend machen.

Vierter Teil.

Es werden mehrere der mit der Gesamthypothek belasteten Grundstücke oder diese sämtlichen Grundstücke in einem Verfahren (§ 18) versteigert; die Gesamthypothek bleibt nach den Versteigerungsbedingungen nicht bestehen.

§ 14.

Vorbemerkung.

Für den Fall, daß mehrere mit einer Gesamthypothek belastete Grundstücke in einem Versteigerungsverfahren (gemäß § 18) zugeschlagen worden sind, die Gesamthypothek durch den Zuschlag erloschen und der Gesamthypothekar aus dem Erlöse zu befriedigen ist, ist eine Norm für das Verteilungsgeschäft allein in dem durch § 123 ergänzten § 122 enthalten. § 122 hat, wie schon im voraus bemerkt sei, in den Einzelfällen seiner Anwendung eine verschiedenartige Auslegung erfahren. Diese hat ihren Grund in einer Verkennung, um diesen Ausdruck zu gebrauchen, des Objekts der Normierung. Es wird von gewissen Auslegern verkannt, daß § 122 nur eine Vorschrift ist über die Aufstellung des Teilungsplans, nicht aber eine Vorschrift über dessen Ausführung. § 122 schreibt nur vor, in welcher Höhe eine Gesamthypothek bei der Verteilung des Erlöses eines einzelnen Grundstücks als Passivpost berücksichtigt werden soll, soweit der Erlös reicht. § 122 unterscheidet den Fall, daß der dem Gesamthypothekar zufallende Betrag des Versteigerungserlöses gezahlt wird, und den Fall, daß die Baarzahlung dieses Betrages ganz oder teilweise nicht erfolgt.

Hieraus ergibt sich die Disposition dieser Betrachtung; wir unterscheiden:

1. die Bargebote (im Falle des Zuschlags der mehreren Grundstücke auf Einzelausgebote hin) bezw. das Baargebot (im Falle des Zuschlags der mehreren Grundstücke auf Gesamtausgebot hin) werden im Verteilungstermin bar von den Erstehern bezw. dem Ersteher berichtigt, oder

2. sie werden nicht berichtigt, oder

3. sie werden nur teilweise berichtigt.

§ 15.

a) Die Bargebote werden im Verteilungstermine berichtigt.

I. Wird der Zuschlag auf ein Gesamtausgebot hin erteilt, so ist in den allermeisten Fällen erster Akt des Verteilungsgeschäfts dieser: gemäß § 112 den Teil des Gesamterlöses, der Gesamtmasse, der als Erlös des einzelnen mitversteigerten Grundstücks zu gelten hat, die sogenannten Spezialmassen rechnerisch festzustellen.[1]

Stehen diese Spezialmassen fest, so ergibt sich für die Erlösverteilung weiterhin für den Fall des Zuschlags auf Gesamtausgebot hin dieselbe Behandlung, wie für den Fall des Zuschlags auf Einzelausgebote.

II. An sich haftet jeder tatsächliche oder fiktive Erlös des einzelnen mit der Gesamthypothek belastet gewesenen Grundstücks für den vollen Betrag der an ihm bestandenen Gesamthypothek fort.

Werden nun die Bargebote von den Erstehern berichtigt, so wird nach § 122 Abs. 1 zunächst dem Gesamthypothekar das ihm nach § 1132 Abs. 1 BGB. zustehende Recht gewahrt, nach seinem Belieben Befriedigung aus den einzelnen Grundstückserlösen ganz oder teilweise zu verlangen. Der Gesamthypothekar kann bis zur Ausschüttung der Masse für das Gericht bindend wählen, aus welchem der Grundstückserlöse und in welcher Höhe er aus dem einzelnen Grundstückserlös befriedigt sein will.

---

[1] Die Ausnahmen, wo das nicht erforderlich, s. b. Reinhard, Bem. I zu § 112.

Durch die Erhaltung dieses Wahlrechts wird dem Gesamthypothekar die Rechtsmacht eingeräumt, die über den begrifflichen Inhalt seines Rechts, nämlich für eine Forderung befriedigt zu werden, weit hinausgeht; er kann außer diesem Ziel, für seine Forderung befriedigt zu werden, andere damit außer Zusammenhang stehende Interessen verfolgen. Dies z. B. dann, wenn er an einem der mitbelasteten Grundstücke im Rang nach seiner Gesamthypothek eine Hypothek hat, die nur dann gedeckt ist, wenn der Versteigerungserlös für die Gesamthypothek nicht in Anspruch genommen wird, oder dann, wenn der Gesamthypothekar den Anspruch eines der verschiedenen Eigentümer der versteigerten Grundstücke auf Zahlung des letzterem zufallenden Versteigerungserlösteils im Wege der Zwangsvollstreckung sich hat pfänden lassen; der Gesamthypothekar kann hier dadurch, daß er sich für seine Gesamthypothek nur aus den andern mithaftenden Grundstückserlösen befriedigt, den Anteil des betreffenden Eigentümers am Erlös seines Grundstücks und damit sein eigenes Pfandobjekt vergrößern.

Aber auch ohne jedes billigenswerte Interesse ist der Gesamthypothekar in der Lage, sein Wahlrecht zum Vorteil oder Nachteil des einen oder andern Eigentümers oder Nachberechtigten auszuüben, besonders da nach dem Bürgerlichen Gesetzbuch zwischen letzteren eine Ausgleichung nicht stattfindet. § 226 BGB. dürfte nur wenig helfen.

Es wäre aus diesem Grunde vielleicht besser die Ausübung des Wahlrechts des Gesamthypothekars wenigstens für den Fall, daß er voll aus dem Versteigerungserlös befriedigt werden kann, von der Glaubhaftmachung eines rechtlichen Interesses abhängig gemacht worden.

III. Übt der Gesamthypothekar sein Wahlrecht nicht aus, so muß das Vollstreckungsgericht den Teilbetrag bestimmen, der aus dem einzelnen Grundstückserlöse zur Befriedigung des Gesamthypothekars zu entnehmen ist: es ist alsdann nach § 122 Abs. 1 aus dem Erlöse des Einzelgrundstücks nur derjenige Teil zur Befriedigung des Gesamthypothekars zu verwenden, der zum Gesamtbetrag der Gesamthypothek in demselben Verhältnis steht, wie der zur Befriedigung des Gesamthypothekars zur Verfügung stehende Erlös des betreffenden Einzelgrundstücks zu dem zur Befriedigung des Gesamthypothekars freien Versteigerungsgesamterlös.

Der Gedanke der Gesetzesbestimmung ist etwa der, daß die Gesamthypothek auf einem Grundstück um so stärker gelastet hat, je mehr dieses Grundstück eine Belastung vertragen konnte, und daß darum auch die Erlöse um so stärker verhaftet sind, je größer sie sind.

Eine Rücksicht auf die Belastungen der Grundstücke mit dem Range nach der Gesamthypothek wird also bei der Verteilung der Gesamthypothek nicht genommen.[1]

Daß sowohl das Wahlrecht des Gesamthypothekars, wie die Anwendung des im § 122 Abs. 1 vorgeschriebenen Verteilungsmaßstabs in Rücksicht auf die Zwischenberechtigten des § 83 Ziff. 3 eine Einschränkung dann erfährt, wenn Zuschlag auf das dem § 64 Abs. 2 entsprechende Ausgebot erteilt wurde, ist bereits im II. Teil dieser Abhandlung bei der Besprechung der Vorschriften des § 64 erörtert worden. (S. oben S. 25 ff.)

§ 16.

b) Die Bargebote werden im Verteilungstermin nicht berichtigt.

I. Werden die Versteigerungserlöse von den Erstehern der mehreren auf Einzelausgebote zugeschlagenen mit der Gesamthypothek belastet gewesenen Grundstücke im Verteilungstermin nicht bezahlt, so muß es beim Prinzip verbleiben, daß jeder der Erlöse der Einzelgrundstücke, hier also jede der Forderungen gegen die Ersteher auf Zahlung ihrer Bargebote, zu dem Betrage dem Gesamthypothekar forthaftet, zu dem das einzelne Grundstück mit der Gesamthypothek belastet war.

1. Dementsprechend bestimmt § 122 Abs. 2, daß, soweit die Zahlung des dem Gesamthypothekar gemäß § 122 Abs. 1 zu-

[1] Das geschah z. B. in der Sächs. Subh.-Ordnung v. 1886 §§ 36 Ziff. 5, 37. 38: Befanden sich die versteigerten Grundstücke im Eigentum derselben Person und reichte der Erlös eines Grundstücks zur Deckung der der Gesamthypothek nachfolgenden Hypotheken, für deren Forderung der Eigentümer persönlich haftete, nicht aus, so war der Gesamthypothekar besonders aus dem Versteigerungserlöse der andern nicht mit derartigen Hypotheken belasteten Grundstücke zu befriedigen. Vgl. Motive, S. 298 oben.

nächst angesetzten Betrags unterbleibt, der Fehlbetrag bei jedem Grundstück in den Plan aufzunehmen ist. Wird also keiner der zunächst nach § 122 Abs. 1 berechneten, aus jedem Einzelerlöse zu deckenden Beträge gezahlt, so ist demnach der Betrag der Gesamthypothek wieder voll als Passivum bei jedem Einzelgrundstück zu berücksichtigen; es ist die Forderung des Subhastaten gegen den Ersteher jedes Grundstücks im vollen Betrag der jeweiligen Zweighypothek auf den Gesamthypothekar zu übertragen.

2. Ist bei einem Einzelerlöse die zur Befriedigung des Gesamthypothekars übrig bleibende Forderung gegen den Ersteher höher als der Betrag der aus dem Erlöse dieses Einzelgrundstücks zu deckenden Zweighypothek, so ist natürlich der Überschuß der Forderung gegen den Ersteher auf die im Range folgenden Berechtigten unbedingt zu verteilen.

3. In allen diesen Fällen ist die Rechtslage des Gesamthypothekars nach Beendigung des Zwangsversteigerungsverfahrens diese: soweit die Forderungen gegen die einzelnen Ersteher auf ihn übertragen sind, haften ihm die Ersteher persönlich als Korrealschuldner; die gemäß § 128 für ihn an den versteigerten Grundstücken eingetragenen Sicherungshypotheken sind Singularhypotheken zur Sicherung dieser mehreren übertragenen Forderungen des Gesamthypothekars gegen die Ersteher; sie sind mangels Identität der durch sie gesicherten Forderungen nicht Zweighypotheken einer einzigen Gesamtsicherungshypothek.[1]

Eine Gesamtsicherungshypothek kommt auch dann nicht zur Entstehung, wenn die mehreren Einzelgrundstücke allesamt auf Einzelausgebote hin zufällig demselben Ersteher zugeschlagen worden sind; auch hier haben wir verschiedene durch die Sicherungshypotheken gesicherten Forderungen; die Forderung auf Zahlung des Erlöses bei einem Grundstück ist eine andere als die auf Zahlung des Erlöses beim andern Grundstück.

4. Die Übertragung der mehreren Forderungen gegen die Ersteher auf Zahlung der Erlöse auf den Gesamthypothekar hat die im § 118 Abs. 2 ihr beigelegte Wirkung. Jedoch ist das

---

[1] Ebenso Fischer-Schäfer a. a. O. Bem. 2 zu § 122 S. 425 ff., und Reinhard a. a. O. Bem. 3 zu § 122 S. 92; abweichender Ansicht ist Jäckel a. a. O. Bem. 4 zu § 122 S. 418 und Schöller a. a. O. S. 100 ff.

gesamte Übertragungsgeschäft im Verteilungstermin, das aus der Übertragung der mehreren Forderungen gegen die mehreren Ersteher auf den Gesamthypothekar besteht, als nur eine Übertragung im Sinne des § 118 Abs. 3 zu behandeln. (JÄCKEL, Bem. 8 zu § 118 S. 409.)

5. Bei der Einzelversteigerung der Grundstücke versagt der § 122 Abs. 2 nicht, wie SCHÖLLER meint, dann, wenn der für den Gesamthypothekar verfügbare Überschuß des Erlöses bei jedem oder bei einzelnen der Grundstücke geringer ist, als der Betrag der Gesamtpost. SCHÖLLER[1] nimmt beispielsweise an, daß die mit einer Gesamtpost von 900 belasteten Grundstücke X, Y und Z versteigert worden sind, daß der verfügbare Überschuß bei X nur 400, bei Y nur 500 und bei Z nur 600 beträgt, und führt nun aus: „Würde hier bei jedem Grundstücke 900 für die Gesamtpost überwiesen und eine Gesamtsicherungshypothek (!) von 900 auf alle Grundstücke eingetragen, so würden die einzelnen Ersteher persönlich und mit dem Grundstück über den Steigpreis hinaus haften. Hier wird daher trotz der Nichtzahlung des Steigpreises eine Verteilung der Gesamtpost gemäß § 122 Abs. 1 und eine unbedingte Überweisung der Restbeträge an die nachstehenden Sonderberechtigten stattfinden müssen. Es werden also in unserem Beispiele zu überweisen und einzutragen sein auf X 240, auf Y 300 und auf Z 360; der Überschuß von 160 auf X, 200 auf Y und 240 auf Z wird endgültig den nachstehenden Sonderberechtigten zu überweisen sein.“

Das Resultat ist irrig, es verstößt gegen den Gedanken des § 122 Abs. 2. SCHÖLLER behält nicht im Auge, daß das Gesetz im § 122 nur von einer Aufstellung des Teilungsplans, von der „Aufnahme“ von Passiven in diesen, von der Feststellung der Schuldenmasse spricht; er beachtet nicht, daß § 122 gar nicht von einer Ausführung dieses Teilungsplans und einer Deckung der in die Passiven des Einzelplans aufgenommenen Beträge spricht. Verfährt man ganz dem Wortlaut des § 122 entsprechend, so gelangt man zu ganz andern Resultaten:

Zunächst sind die in die Passiven beim Einzelgrundstücke

---

[1] A. a. O. S. 102.

gemäß § 122 Abs. 1 aufzunehmenden Beträge festzusetzen; in die Passiven von X sind also zunächst aufzunehmen nur 240, in die von Y nur 300, in die von Z nur 360. Da nun weder der Ersteher von X die 240, noch der von Y die 300, noch der von Z die 360 zahlt, so ist nunmehr eine Abänderung der Passivenaufstellung des Einzelgrundstücks vorzunehmen und gemäß § 122 Abs. 2 in die Passiven bei X noch aufzunehmen 660 (nämlich 300 von Y und 360 von Z), in die Passiven von Y noch 600 (240 von X und 360 von Z) und in die Passiven von Z 540 (240 von X und 300 von Y). Jetzt erst ist zur Verteilung des Erlöses, zur Ausführung des Plans zu schreiten.

Da nun als Versteigerungserlöse, als Activa des Plans, der Gesamtpost von 900 als Passivum des Einzelplans bei X nur 400, bei Y nur 500 und bei Z nur 600 gegenüberstehen, so sind eben diese Beträge dem Gesamthypothekar zur Befriedigung für seine Forderung von 900 gemäß § 118 zu übertragen.

Es haften nach beendetem Verteilungsverfahren dem Gesamthypothekar der Ersteher von X persönlich und mit dem Grundstücke bis zum Betrage von 400, der Ersteher von Y bis zum Betrage von 500 und der von Z bis zum Betrage von 600 gesamtschuldnerisch für seine Forderung von 900.[1]

II. Ist Zuschlag bezüglich der mehreren mit der Gesamthypothek belasteten Grundstücke auf Gesamtausgebot hin erfolgt, so ist, nachdem die Spezialmassen der Einzelgrundstücke gemäß § 112 festgestellt sind, mangels jeder anderweiten Gesetzesvorschrift in genau der gleichen Weise zu verfahren, als ob die Spezialmassen die mehreren durch Einzelausgebote erzielten Einzelerlöse der Grundstücke wären.[2]

Die Meinung Kretzschmars, Einführung S. 393, daß auch dann, wenn aus dem gemäß § 112 rechnerisch gewonnenen Erlöse eines der mehreren Grundstücke nichts für den Gesamthypothekar entfällt, dennoch an diesem Grundstücke Sicherungs-

---

[1] Ähnlich Wolff a. a. O. Bem. 4 zu § 122 u. Fischer u. Schäfer a. a. O. Bem. 2 zu § 122. Die komplizierten Berechnungen bei Reinhard Bem. II 3 u. Jäckel a. a. O. Bem. 5 zu § 122 sind nicht zutreffend.

[2] Ebenso besonders Reinhard a. a. O. S. 119 Bem. 4c zu § 128; Andrer Meinung: Schöller a. a. O. S. 101.

hypothek nach der vollen Höhe der dem Gesamthypothekar übertragenen Forderung einzutragen sei, deshalb, weil das Vermögen des Erstehers nicht mehr belastet werde, ist ohne gesetzliche Stütze.

Die Sicherungshypotheken, die gemäß § 128 für den Gesamthypothekar an den auf Gesamtausgebot zugeschlagenen Grundstücken einzutragen sind, sind auch hier nicht Zweighypotheken einer einheitlichen Gesamtsicherungshypothek; es fehlt auch hier die Einheitlichkeit der Forderung, zu deren Sicherung die Sicherungshypotheken bestehen müßten, insofern als jede Sicherungshypothek für einen andern Teil der dem Gesamthypothekar übertragenen Forderung gegen den Ersteher auf Zahlung des Erlöses haftet.[1]

§ 17.

c) Die Bargebote werden nur teilweise berichtigt.

I. Zahlt von den mehreren Erstehern der auf Einzelausgebote zugeschlagenen Grundstücke nur einer oder einzelne, so ist auch hier zunächst nach § 122 Abs. 1 bei Aufstellung des Teilungsplans zu verfahren; es sind zunächst auch hier die Teile des Betrags der Gesamthypothek, die an sich im Falle der Barzahlung aus dem Erlöse des Einzelgrundstücks zu entnehmen wären, nach § 122 Abs. 1 zu berechnen, und zunächst nur diese Teilbeträge je in die „Passiven" des betr. Grundstücks aufzunehmen. Soweit nun ein solcher Teilbetrag bei einem Grundstück nicht bar berichtigt werden kann, ist er nunmehr in den Teilungsplan der andern Grundstücke unter deren „Passiven" mit einzusetzen. Dann ist der weitere Erlös der Einzelgrundstücke je unter den Passiven zu verteilen.

Es findet also u. a. eine mehrmalige, eine etappenmäßige Erlöszuteilung auf den Gesamthypothekar statt.

a) Lastete z. B. auf den in einem Verfahren auf Einzelausgebote zugeschlagenen Grundstücken I, II und III eine Gesamthypothek von 6000 *M*, beträgt der nach Abzug der der Gesamt-

---

[1] Ebenso Fischer-Schäfer a. a. O. Bem. 2 zu § 122; Reinhard a. a. O. Bem. 4c zu § 128 S. 119; andrer Meinung: Jäckel a. a. O. Bem. 4 zu § 122; Kretschmar, Einführung in das Grundbuchrecht. 1902. S. 393.

hypothek vorgehenden Rechte berechnete Erlös bei I 5000 ℳ, bei II 2000 ℳ und bei III 5000 ℳ und zahlt nur der Ersteher des Grundstücks I seine 5000 ℳ im Verteilungstermine, so gestaltet sich die Tätigkeit des Vollstreckungsgerichts, getreu dem Wortlaut des § 122, so:

Es ist zunächst nur der nach § 122 Abs. 1 berechnete Teilbetrag der Gesamthypothek in den Verteilungsplan des einzelnen Grundstücks unter dessen „Passiven" einzusetzen, also

$$\text{bei I } \frac{5000}{5000 + 2000 + 5000} \cdot 6000 = 2500,$$

$$\text{bei II } \frac{2000}{5000 + 2000 + 5000} \cdot 6000 = 1000,$$

$$\text{bei III } \frac{5000}{5000 + 2000 + 5000} \cdot 6000 = 2500.$$

Aus dem vorhandenen Barerlös von I erhält nunmehr der Gesamthypothekar zunächst die als „Passivum" dieses Grundstücks eingesetzten 2500 ℳ (erste Zuteilung). Da weder der vom Erlöse des Grundstücks II in Höhe von 1000 ℳ, noch der vom Erlöse des Grundstücks III in Höhe von 2500 ℳ ihm zugeteilte Betrag gezahlt werden kann, so sind diese beiden Posten noch in die Passiven von I, außerdem die 2500 ℳ von III bei II und die 1000 von II bei III in die „Passiven" einzusetzen. Es betragen also die Passiven bei I nach Zahlung der 2500 ℳ. nunmehr wieder 3500 ℳ, während der nach Zahlung der 2500 ℳ an den Gesamthypothekar noch verbleibende bare Erlösrest nur 2500 ℳ beträgt. Diese 2500 ℳ erhält noch der Gesamthypothekar. (Zweite Zuteilung.) Der Erlös von I ist damit erschöpft. Mit dem Betrage von 1000 ℳ ist der Gesamthypothekar bei I ausgefallen.

Dagegen sind die Forderungen gegen die Ersteher von II und III je im Betrage von 1000 ℳ auf den Gesamthypothekar zu übertragen. (Dritte Zuteilung.)[1]

b) Zahlen die Ersteher von I und II, so würde also der

---

[1] Das Beispiel befindet sich zahlenmäßig bei Reinhard § 122 Bem. 3 S. 90; Reinhard rechnet jedoch anders und kommt zufolge seiner eigentümlichen, aber wohl unrichtigen Berechnung zu einem andern Resultat als dem obigen.

Gesamthypothekar gedeckt zunächst bei I durch Barzahlung von 2500 *M*, bei II durch Barzahlung von 1000 *M*; der bei III nicht gezahlte Betrag von 2500 *M* ist nunmehr nach dem Verhältnis der noch vorhandenen Barerlöse von I und II gemäß § 122 Abs. 1 aus den Erlösen I und II noch zu entnehmen; also bei

I sind zu entnehmen

$$\frac{2500}{3500} \cdot 2500 = 1785{,}71\ \mathcal{M} \text{ und bei}$$

II $$\frac{1000}{5000} \cdot 2500 = 714{,}29.$$[1]

Aus den Beispielen ergibt sich gleichzeitig, daß im Falle bloß teilweiser Zahlung des Versteigerungserlöses im Verteilungstermin eine stärkere Heranziehung zur Befriedigung des Gesamthypothekars bei denjenigen Grundstückserlösen stattfindet, die bar von den Erstehern gezahlt werden, als bei denjenigen, deren Barzahlung im Verteilungstermin unterblieben ist. Es kann daher unter Umständen zu einem Ausfall der Nachhypotheken deshalb kommen, nur weil der eine oder andere Ersteher sein Bargebot nicht im Verteilungstermin berichtigt; es würden z. B. im obigen ersteren Falle unter a) etwaige Nachhypothekare des Grundstücks I aus diesem Grunde ausfallen.

Diese stärkere Inanspruchnahme des gezahlten Erlöses wird für den Gesamthypothekar den Anlaß zu einer Ausübung seines Wahlrechts bilden können; hatte z. B. im obigen Falle unter a) der Gesamthypothekar auf dem Grundstück I unmittelbar im Range hinter seiner Gesamthypothek eine Singularnachhypothek, so wird er, um mit dieser nicht auszufallen, Befriedigung für seine Gesamthypothek möglichst aus den Erlösen der Grundstücke II und III zu suchen haben und sich mit der Übertragung der Forderung gegen die Ersteher von II und III auf Zahlung des Erlöses zu seiner Befriedigung begnügen.

II. Waren die mehreren Grundstücke auf ein Gesamtausgebot zugeschlagen, so ist zunächst nach § 112 die Feststellung der Spezialmassen vorzunehmen. Wird nun das Bargebot vom Ersteher nur zum Teil berichtigt, so ist das Bargezahlte im Ver-

[1] Ebenso Jäckel a. a. O. Bem. 4 zu § 122 (S. 417).

hältnis der Spezialerlöse diesen zuzuweisen. Das weitere Verfahren ist mangels abweichender gesetzlicher Regelung alsdann genau das gleiche, wie wenn Zahlung auf Einzelausgebote erfolgt wäre.

War von den auf Gesamtausgebot hin zugeschlagenen Grundstücken nur ein Teil mit der Gesamthypothek belastet, so ergeben sich besondere Schwierigkeiten nicht; es ist bei den nach § 112 berechneten Spezialerlösen derjenigen Grundstücke, die mit der Gesamthypothek belastet waren, wie oben unter I zu verfahren.

Gleichfalls bieten sich besondere theoretische Schwierigkeiten nicht, wenn die Gesamthypothek außer auf den versteigerten noch auf andern Grundstücken haftete, ein so verwirrendes und für die Laienbeteiligten meist gar nicht verständliches Bild sich auch in der Praxis oft ergeben mag.

§ 18.

Eventualverteilung und Grundbuchsberichtigung.

I. Findet zur Befriedigung des Gesamthypothekars auf diesen eine Übertragung der Forderung gegen den oder die Ersteher auf Zahlung des Erlöses gemäß § 118 Abs. 1 statt, so ist eine Eventualverteilung der auf ihn übertragenen Forderung gegen die Einzelersteher gemäß § 123 vorzunehmen, soweit noch eine Befriedigung des Gesamthypothekars aus dem Erlöse eines andern Grundstücks denkbar ist. Auch für diese eventuell übertragene Forderung ist gemäß §§ 128, 130 Sicherungshypothek einzutragen.

II. Die Grundsätze der Grundbuchsberichtigung sind die gleichen wie die im III. Teil dieser Abhandlung ausführlicher erörterten; nur ist zu bemerken, daß hier eine Unbrauchbarmachung des ganzen Hypothekenbriefs gemäß § 127 Abs. 1 S. 1 durch das Vollstreckungsgericht denkbar ist; dies dann, wenn die sämtlichen mit der Gesamthypothek belasteten Grundstücke im selben Verfahren versteigert worden sind und die Gesamthypothek durch den Zuschlag an ihnen allen, also überhaupt, erloschen ist.

Fünfter Teil.

Es werden mehrere mit einer Gesamthypothek belastete Grundstücke in einem Verfahren versteigert; die Gesamthypothek bleibt bei einem Teile der Grundstücke nach den Versteigerungsbedingungen bestehen, bei einem andern nicht.

§ 19.

Es ist eine sozusagen kreuzweise Belastung mehrerer Grundstücke mit Gesamtrechten denkbar, z. B. eine Gesamthypothek des A im Betrage von 10000 ℳ hat auf dem Grundstücke I den Rang vor einer Gesamthypothek des B, auf dem von beiden Gesamthypotheken gleichfalls belasteten Grundstück II steht dagegen die Gesamthypothek des B im Range vor derjenigen des A.[1]

Eine durch irgend ein Bedürfnis auch nicht geforderte Vorschrift, die eine solche kreuzweise Belastung der Grundstücke besonders berücksichtigte, enthält das Zwangsversteigerungsgesetz nicht. In Ermangelung besonderer gesetzlicher Regelung wird daher für diesen Teil der Darstellung eine mehr summarische Betrachtung genügen.

I. Gelangt nur ein einzelnes der kreuzweise belasteten Grundstücke in einem Verfahren zur Versteigerung, so findet ohne weiteres die im I. Teile bezw. III. Teile dieser Darstellung dargelegte Behandlung statt.

---

[1] Eine derartige Belastung kann u. a. auf folgende Weise entstehen: Zunächst ist nur das Grundstück I hypothekarisch für eine Forderung des A verpfändet worden; dann sind gleichzeitig die Grundstücke I und II gesamthypothekarisch für eine Forderung des B verpfändet worden, und schließlich ist für die Forderung des A auch das Grundstück II später noch mitverpfändet worden. Oder: Die Gesamthypothek des A hat auf den verschiedenen Eigentümern gehörigen Grundstücken I und II den ersten Rang gehabt; die Gesamthypothek des B stand im zweiten Range auf beiden Grundstücken dahinter. A hat nunmehr gegen eine Abfindung der Gesamthypothek des B den Vorrang vor der eigenen einräumen wollen; hierzu hat aber nur der Eigentümer des Grundstücks II seine Einwilligung erteilt.

II. 1. Sind nur zwei Grundstücke, wie oben geschildert, kreuzweise belastet und betreibt der Inhaber des einen der kreuzweise auf den beiden Grundstücken lastenden Rechte die Versteigerung beider Grundstücke in einem Verfahren, so ist, bei Einzelausgeboten der Grundstücke nach § 63 Abs. 1, jedes geringste Gebot für das einzelne Grundstück ohne Rücksicht auf die Mitbelastung des andern mitversteigerten Grundstücks zu bilden, in das eine der beiden geringsten Gebote also die Gesamthypothek des nicht betreibenden Gesamthypothekars als fortbestehend aufzunehmen, in das andere dagegen nicht.

Soll Gesamtausgebot der beiden Grundstücke stattfinden, so ist ganz analog die Gesamthypothek als nur auf dem einen der beiden Grundstücke fortbestehend ins geringste Gebot aufzunehmen.

2. Ist der Zuschlag auf Gesamtausgebot erteilt worden, so ist zunächst, wie sonst, die Bildung der Spezialerlöse der einzelnen Grundstücke gemäß § 112 vorzunehmen. Hierauf hat, da anderweite gesetzliche Regelung fehlt, für die Verteilung der Erlöse das gleiche Verfahren stattzufinden, wie wenn auf Einzelgebote hin der Zuschlag erfolgt wäre. Es kann daher die Betrachtung auf den letzteren Fall beschränkt werden:

a) Bezahlen im Falle des Zuschlags auf Einzelausgebote hin im Verteilungstermine die Ersteher ihre Bargebote, so wird auch für denjenigen der beiden Gesamthypothekare, der die Versteigerung nicht betrieben hat, sein Recht beliebigen Zugriffs auf die Grundstücke bezw. deren Erlöse zum Zwecke seiner Befriedigung wirksam, vorausgesetzt natürlich, daß er bei dem Grundstück, in dessen geringstes Gebot seine Gesamthypothek nicht aufgenommen worden war, nicht ganz ausgefallen ist, sondern aus dem Erlöse ganz oder teilweise gedeckt werden könnte. Er kann wählen, ob ihm Barzahlung aus dem Erlöse des Grundstücks, in dessen geringstes Gebot seine Gesamthypothek nicht aufgenommen wurde, ganz oder teilweise gewährt werden soll und ob er demgemäß seine Gesamthypothek auf dem andern Grundstücke, in dessen geringstes Gebot sie aufgenommen war, ganz oder teilweise verlieren will, oder andererseits, ob er auf Barzahlung aus dem Erlöse des ersten Grundstücks überhaupt verzichten will und damit den ungeschmälerten Fortbestand seiner im vorausgesetzten Fall zur Einzelhypothek werdenden Gesamthypothek an dem andern Grundstücke vorzieht.

α) Verzichtet der Gesamthypothekar auf Barauszahlung, so wird, wie schon bemerkt, die Zweighypothek auf dem mitbelasteten Grundstücke zur Einzelhypothek; es scheidet damit die Möglichkeit aus, daß diese fortbestehende hypothekarische Belastung nach den besonderen Vorschriften über die Gesamthypothek erlöschen könnte; es kann infolgedessen eine Zuzahlungspflicht des Erstehers aus diesem Grunde (§ 50 Abs. 2 Ziff. 2) nicht mehr entstehen, und es hat daher eine Verteilung einer Zuzahlungsforderung nicht stattzufinden.

β) Übt der Gesamthypothekar sein Wahlrecht nicht aus, so ist er, soweit das möglich, aus dem Erlöse des Grundstücks, in dessen geringstes Gebot seine Gesamthypothek nicht aufgenommen war, durch Barzahlung zu befriedigen.

γ) Tritt Barauszahlung der Gesamthypothek aus dem Erlöse des einen Grundstücks ein, so erhebt sich bei der Verteilung des Erlöses des andern Grundstücks die Frage, ob eine Zuzahlungsforderung gegen den Ersteher entstanden ist oder nicht.

Erklärt hier der Subhastat desjenigen Grundstücks, aus dessen Erlöse der Gesamthypothekar befriedigt wurde, in der erforderlichen Form (s. oben § 4), daß die Gesamthypothek gemäß § 1182 BGB. an dem andern Grundstücke auf ihn nicht übergegangen sei, so zeigt sich, daß durch die Befriedigung des Gesamthypothekars A am ersten Grundstücke nach dem Zuschlag die Gesamthypothek gemäß § 1181 Abs. 2 BGB., also nach den besonderen Vorschriften über die Gesamthypothek, erloschen, also die Zuzahlungsforderung gegen den Ersteher des letzten Grundstücks unbedingt entstanden ist. Demgemäß findet hier eine unbedingte Verteilung der Zuzahlungsforderung gemäß § 125 Abs. 1 statt.

Wird der erforderliche Nachweis, daß die Gesamthypothek durch die Befriedigung des Gesamthypothekars aus dem Erlöse des einen Grundstücks auch an dem andern erloschen ist, nicht gebracht, so ist gemäß § 125 Abs. 2 zu verfahren.

b) Wird in dem von uns gesetzten Falle das Bargebot für

dasjenige Grundstück, in dessen geringstes Gebot die Gesamthypothek nicht aufgenommen war, von seinem Ersteher nicht gezahlt, so ist, unbeschadet eines Verzichts des Gesamthypothekars, die Forderung gegen den Ersteher auf Zahlung des Erlöses auf den Gesamthypothekar, soweit möglich, zu seiner Deckung zu übertragen und entsprechend Sicherungshypothek einzutragen.

Die Übertragung dieser Forderung hat dann die in § 118 Abs. 1 S. 1 bestimmte Befriedigungswirkung, sofern nicht der Gesamthypothekar innerhalb von drei Monaten die Versteigerung dieses Grundstücks gemäß § 118 Abs. 2 beantragt oder den in § 118 Abs. 2 geforderten Verzicht erklärt hat. Eine Ausnahme von der Regel des § 118 Abs. 2, wie wir früher oben § 16 I 4 eine solche zu konstatieren hatten, greift hier nicht Platz.

Findet eine Forderungsübertragung auf den Gesamthypothekar statt, so bleibt die Möglichkeit, daß die Hypothek des Gesamthypothekars an dem Grundstücke, in dessen geringstes Gebot die Gesamthypothek aufgenommen war, bezw. die Rechte des Gesamthypothekars aus der Forderungsübertragung und der Eintragung der entsprechenden Sicherungshypothek „nach Maßgabe der besonderen Vorschriften über die Gesamthypothek" erlöschen, wenigstens zuvörderst innerhalb der drei Monate des § 118 Abs. 2 bestehen. Es hat daher bei der Verteilung des Erlöses desjenigen Grundstücks, in dessen geringstes Gebot die Gesamthypothek aufgenommen war, die Verteilung der Zuzahlungsforderung gemäß § 50 Abs. 2 Ziff. 2 und § 125, bei der Verteilung des Erlöses des andern Grundstücks die Eventualverteilung und Eventualübertragung des dem Gesamthypothekar in erster Linie zugeteilten Betrags der Forderung gegen den Ersteher gemäß § 123 stattzufinden.

III. Für die übrigen Fälle dürfte eine bloße Verweisung auf die früheren Teile unserer Abhandlung genügen.

§ 20.

Schlußbemerkung.

Überblicken wir nochmals die ganze Darstellung, so können wir kurz zusammenfassend sagen:

Die Ursache der zahlreichen Kombinationen, welche die Gesamthypothek in der Zwangsversteigerung mit sich bringen kann, ist eine einheitliche; es ist der Wille des Gesetzgebers, dem Gesamthypothekar die Befugnis, nach seinem Belieben aus jedem der mit der Gesamthypothek belasteten Grundstücke bezw. deren Erlösen seine Befriedigung ganz oder zum Teil zu suchen, den Interessen der nachstehenden Beteiligten zum Trotz zu wahren.

Daraus ergibt sich, abgesehen davon, daß das schon Folge des Deckungsprinzips ist, die ungeschmälerte Aufnahme der Gesamthypothek ins geringste Gebot, falls sie dem Rechte des betreibenden Gläubigers vorgeht, und daraus ergeben sich die Bestimmungen des § 122 Abs. 1 und Abs. 2. Eine Ausnahme bietet allein der § 64.

Die notwendige Folge der Durchführung des ersten Satzes, der Wahrung des Wahlrechts des Gesamthypothekars, ist diese, daß die Möglichkeit einer Entlastung des einzelnen mit der Gesamthypothek belasteten Grundstücks oder eines Freiwerdens eines dem Gesamtgläubiger zugeteilten Erlösbetrages durch ein Erlöschen der betreffenden Haftung nach Maßgabe der besonderen Vorschriften über die Gesamthypothek fortbestehen bleibt. Und das ist der Grund des zweiten sich ergebenden Satzes:

Der sich mit dieser gedachten Entlastung ergebende Vorteil fällt nicht dem Ersteher oder dessen Nachfolger im Eigentume des versteigerten Grundstücks zu, sondern ist denjenigen zuzuführen, die im Range nach dem Gesamthypothekar aus dem Versteigerungserlös zu befriedigen sind.

Daher ergeben sich die Vorschriften über die Zuzahlungspflicht der §§ 50. 125, aber auch die des § 123.

Der Zwangsversteigerungsrichter, der auf die Durchführung dieser Gesetzesgedanken bedacht ist, wird grobe Irrtümer in der Behandlung der Gesamthypothek kaum begehen.

Druck von Metzger & Wittig in Leipzig.